# Lociones Mágicas

## Colección de Hechizos
## Tomo I

# Juan Marcos Romero Fiorini
## (2022)

Índice:

El término "Aguas Mágicas" fue adoptado por los practicantes modernos para definir a los preparados mágicos líquidos cuyo ingrediente principal es el agua, tales como extractos vegetales, preparados lunares, etc.

Esta clase de preparados se consideran indispensables en toda despensa o almacén esotérico, debido a que el agua es uno de los elementos fundamentales de la Alquimia, pero a la vez se encuentra presente como elemento espiritual primordial en todas las tradiciones mágicas antiguas. Por lo cual, es utilizada como canalizador, purificador, sanador o amplificador, en todo tipo de preparados.

En este Recetario veremos la diferencia y el potencial mágico del agua según su procedencia y tipo. Como también veremos los preparados más importantes que encontraremos en todo boticario mágico, que debes tener en cuenta a la hora de crearlos y sus usos mágicos, además de las correspondencias de cada planta que en ellos se utiliza.

## Capítulo I

## Poder del Agua según su lugar de origen

A continuación, veremos las correspondencias mágicas del agua según su origen, recordemos que, así como cada lugar de la naturaleza posee una energía especial, donde podemos reconocer diferentes seres feéricos, espíritus naturales y ancestrales, el agua de dichos lugares poseerá cualidades especiales propias de la energía del lugar. Recordemos que el agua es lo esencial para que se dé la vida en la naturaleza por lo cual las fuentes de agua en cada lugar son una conexión con la fuente misma de la vida en cada lugar.

Además de las correspondencias que se presenta a continuación es importante que tengas en cuenta a las Deidades que se honraban antiguamente en esos lugares o cercanos a ellos. También puedes utilizar el agua de una determinada zona para conectar con cualquier divinidad que rija dicha zona en tu creencia, ejemplo: Puedes tomar agua del mar en cualquier costa y utilizarlo para trabajar con una deidad del mar como Yenmanja, o si conectas con el panteón griego podría ser Poseidón.

### Agua de deshielo

El hielo de los cascos polares y regiones especiales que están congeladas continuamente durante el año, son considerados de un alto valor mágico, ya que se considera el agua en su estado más puramente conservado y para muchas culturas son considerados los reservorios del ADN de la vida en este planeta, por lo cual mágicamente es considerada sagrada, si bien es muy raro poder tener acceso a vertientes de agua formas por el deshielo, se utiliza para rituales de evolución espiritual, expansión del conocimiento mágico, místico y ampliar la sabiduría sobre los diferentes planos de conciencia, es decir, es elegida para rituales de conexión con el gran misterio y fuente de toda vida.

Las grandes nubes cargadas de agua acarician los picos de las montañas dejando sus aguas, formando picos nevados que luego se vuelven ríos que alimentan a la madre naturaleza. El agua recolectada en estos lugares es mágicamente utilizada para practicas mágicas de sabiduría, preparados que tengan que ver con los ancestros, con la longevidad, la trascendencia y la estabilidad.

Las cascadas son consideradas lugares sagrados por todas las culturas, ya que por una parte la bajada de agua suele generar arcoíris el cual se dice que es un puente de conexión al mundo feérico, al mundo de las hadas, como también el lugar donde el agua cae se dice que es donde los elementales del agua están danzando y celebrando la vida. Existe una infinidad de relatos antiguos donde podemos ver la importancia mágica de las cascadas para el mundo mágico antiguo, y es por eso que actualmente el agua recolectada por los practicantes es utilizada para todo tipo de preparados feéricos, donde se busca una conexión con el reino de las hadas, para acompañar rituales de viaje espiritual o expansión de la conciencia, como también se utiliza en preparados para potenciar dóndes, conexión con el plano sutil, expandir la intuición o desarrollar talentos mágicos.

## Agua de Manantiales y Termales

Los manantiales son las aguas que proceden de corrientes subterráneas, lo cual les da un alto valor mágico y es muy buscada por los practicantes para todo tipo de preparados. En la gran mayoría de las tradiciones mágicas antiguas y culturas originarias, estos manantiales están asociados a la Madre Tierra, ya sea visto como fuente arquetípica de toda vida o como el gran misterio de donde todo proviene y todo se va. Así como las cuevas son considerados puentes para conectar con el gran misterio y puente al mundo de abajo, los manantiales son verdaderas fuentes de vida que fluyen por las venas de la misma madre tierra y brotan sobre su rostro llenando de vida el paisaje: Por todo esto los practicantes recolectan esta agua para todo tipo de preparados, ya que por lo mencionado anteriormente es el agua considerada como potenciadora por lo que es ideal para preparados de abundancia, creación, purificación. También es utilizada en rituales de conexión con el inframundo, los planos inferiores, con deidades como la Diosa Madre o con el gran misterio. Otro dato importante sobre el agua mineral es que por su origen y propiedad potenciadora es utilizada como remplazo cuando deseamos realizar un preparado que lleva como ingrediente principal el agua de otra procedencia que no podemos conseguir en nuestra región.

Agua de Río

En todas las culturas antiguas nos encontramos con distintas formas de venerar a los ríos, ya que en sus orillas siempre se despliega la vida y por donde ellos corren también lo hace la naturaleza en todo su esplendor. Al ser poderosas corrientes de energía en continua renovación debido a su corriente, son lugares muy especiales donde moran distintos seres feéricos como hadas de agua, las ondinas, sirenas de río, elementales, etc.

Incluso en casi todas las tradiciones antiguas se reconocían a los ríos mismos como divinidades, como es el caso de Oshun Diosa de los Ríos, asociada al amor y la belleza.

Por todo esto mencionado anteriormente los practicantes de la magia recolectan agua de río para utilizarla en preparados de armonización energética, como también es utilizada en rituales de purificación, aunque los practicantes de tener la posibilidad de ir directamente al río preferirán esta opción ya que es donde mora la misma Deidad y se puede pedir asistencia a dicha divinidad para que de la misma forma en que sus aguas arrastran los sedimentos y se llevan todo lo que no sirve para transmutarlo, de la misma forma se busca que purifiquen el cuerpo, la mente y el espíritu.

Otra de las cualidades especiales que tiene el agua de Río es que, dado a su vínculo con divinidades del amor y la belleza, resulta una elección ideal para potenciar preparados de amor, lociones de belleza o tracción, etc. Incluso dada la conducta danzante de las aguas de Rio también son utilizadas para potenciar las artes y la creatividad.

Desde la antigüedad, al igual que los ríos, el mar ha sido venerado, adorado y reconocido como divinidad con diferentes nombres y cultos, como por ejemplo Ienmanja Diosa madre de las Aguas, una divinidad protectora, maternal, vinculada a la vida. Esto último es algo que se comparte en muchas culturas antiguas, "el mar como madre de toda vida" y justamente los primeros seres vivos nacieron en el mar y luego poblaron la tierra. Por todo esto los practicantes recolectan agua de mar para potenciar preparados de crecimiento, gestación de ideas, fertilidad, etc.

El agua recolectada del mar posee información energética del gran misterio, los secretos de la creación, la evolución e incluso los misterios ocultos de las profundidades, por lo cual es ideal para practicas rituales de crecimiento espiritual, para conectar con divinidades marinas o con el gran misterio.

Otra particularidad que hace especial al agua del mar es que es salada, lo que esotéricamente la vuelve especial para preparados de sanación y salud.

Incluso para los practicantes que desean hacer una purificación o ritos de iniciación, el mar es el lugar ideal, ya que es el lugar liminal donde el océano se encuentra frente a la tierra, siendo el gran misterio o alguna divinidad Marina la que presciencia dicho ritual brindando su bendición, además las aguas saladas purifican al practicante marcando el nuevo camino o nuevo tiempo que recorrerá.

## Agua de lluvia

El agua de lluvia, para los pueblos antiguos, era un regalo de los Dioses, incluso muchas culturas veían en la lluvia a Deidades o seres espirituales, que en su gran mayoría estaban vinculados a la danza de la vida en el planeta, por lo que fueron especialmente venerados en las regiones agrícolas, ya que la lluvia es vida para el campo.

Por todo esto, los practicantes recolectan agua de lluvia para todo tipo de preparados de abundancia, proyectos de vida y comercio, pero también dado que la lluvia proviene de las noves que se van cargando en la atmosfera recibiendo vapores de diferentes lugares, es considerada capaz de remplazar el agua proveniente de cualquier zona en un preparado siendo capaz de ser utilizada como potenciadora de cualquier preparado con cualquier finalidad.

El Rocío es un fenómeno físico-meteorológico en el que la humedad del aire se condensa en forma de gotas por la disminución brusca de la temperatura, o el contacto con superficies frías.

Este efecto esotéricamente hablando es considerado como un momento muy especial, ya que a través de la condensación la energía del ambiente es captada y transformada naturalmente en agua. Por esto los practicantes de la magia recolectan especialmente el rocío de árboles o plantas especiales, ya que es capaz dicha agua contendrá las propiedades mágicas de esa planta o árbol, lo que resulta excelente para la creación de preparados, meditaciones especiales para conectar con las plantas, misterios vegetales, etc. Ejemplo: si deseo crear un preparado de limpieza podría tomar el rocío que se encuentre sobre las hojas de una planta de Ruda, el cual contiene energéticamente la esencia de esta planta y potenciara aún más mi preparado, como también podría utilizar el rocío de la Ruda para trabajar en meditación con la ruda buscando reconocer actitudes, pensamientos o emociones toxicas de uno mismo que debe dejar y pedir asistencia a la Ruda para cortar con todo eso.

Otra de las formas de utilizar el rocío es manifestación del poder de la naturaleza. Las practicas matutinas en espacios naturales son algo muy común en los practicantes de la magia y es muy común recolectar rocío de esos espacios al finalizar la práctica, con el fin de obtener la energía espiritual y mágica del lugar. Esta clase de rocío suele ser utilizada luego para regar las plantas de tu jardín mágico personal, para limpiar herramientas mágicas y potenciarlas, para rociarla en el altar o lugar mágico trayendo la esencia de la naturaleza a tu hogar.

Si vas a realizar esta última práctica debes pedir permiso a los seres feéricos, guardianes o espíritus del lugar, como también es bueno que lleves alguna ofrenda como puede ser miel, leche o unos puñados de tabaco (las ofrendas suelen variar según el lugar y la tradición mágica de ese lugar).

Agua de Lago, Laguna o Estanque

Las culturas antiguas veían en los lagos y lagunas un puente que conectaba con el mundo sutil, eran lugares sagrados donde moraban espíritus y seres feéricos.

A lo largo de todo el mundo vemos que los Estanques fueron lugares especiales de peregrinación donde se decía que moraba la misma esencia del reino de las hadas, donde se podía conectar con la Diosa.

A lo largo de toda la cordillera de los Andes nos encontramos con lagos y lagunas en las alturas que fueron reconocidas como Pacarinas (los lugares más sagrados para estas culturas) por los pueblos originarios.

Por todo esto, los practicantes realizan prácticas espirituales en los lagos o lagunas. Prácticas asociadas a los ritos de paso en la magia, iniciaciones, celebraciones de solsticios y equinoccios, practicas oraculares y rituales.

El agua de lagos o lagunas es recolectada por los practicantes para llevarlas al espacio mágico personal en el hogar y purificarlo, como también para crear preparados de purificación, armonización, sanación espiritual, expansión de la conciencia, crecimiento interior, evolución, claridad, abrir caminos de vida, etc.

Los practicantes que desean aprender la lectura del Agua, utilizar el agua de forma oracular suelen preferir agua de una laguna, la cual deben solicitar al lago en un ritual especial pidiendo permiso y presentando su intención de utilizar dicha agua para prácticas oraculares. De ser permitido el practicante toma esa agua la cual estará potenciada oracularmente y poseerá la voz del lago susurrando los mensajes y mostrando las imágenes que deban ser interpretadas en las visiones.

Les llamamos aguas especiales a aquellas que son cargadas con una energía en especial, como puede ser una fase lunar en especial, minerales, etc.

### Agua de Luna

Para crear agua de luna se debe colocar un recipiente con agua en la fase lunar deseada y dejar durante la noche recibir su energía.

**Aclaraciones:**

- Puedes realizar una oración pidiendo a la luna que bendiga con su energía esas aguas.
- La carga se suele realizar por solo una noche.
- Puedes dejarla a la intemperie, pero debe ser un lugar donde sepas que ningún animal beberá de ella.
- Si la dejas en un espacio interno de tu casa, procura que la luz de la luna alcance a tu agua (colócala en una ventana).
- El agua que se utiliza para cargar con cualquiera de estas lunas puede ser mineral o de lluvia. Aunque para cada una de las faces se conseja un tipo en especial según la intención mágica.
- Como día para realizar el preparado te recomiendo que no te guíes por los días de la semana sino por los días en que esta regente la Luna deseada, claro que si la luna deseada justo se presenta en el día lunes cuya correspondencia planetaria es la Luna, sería mejor, aunque como decimos no es fundamental para el agua lunar tener en consideración el día sino la correspondencia lunar.

Agua de Luna Nueva o Luna Negra

Los practicantes de la magia cargan sus aguas con la luna nueva (negra), para realizar preparados de visión, sueños proféticos, videncia, integración de la sombra, adquirir cualidades mágicas como la hechicería.

También es ideal para preparados cuya intención tienen que ver con nuevos comienzos, potenciar nuevos caminos en la vida, para trabajo interno (introspección), para aquietar la mente y escuchar la vos interior.

Al igual que se elige para preparados iniciáticos de nuevos proyectos o nuevos estudios.

Cuando se desea utilizar el agua para trabajar espiritualmente con esta luna o con Deidades asociadas a dicha fase, se recomienda elegir el agua de manantial o ríos subterráneos para potenciar y fortalecer el trabajo mágico.

Agua de Luna Creciente

Los practicantes suelen cargar sus aguas con la luna creciente para realizar preparados de todo tipo de crecimiento y aumento de energía. También para desarrollo de proyectos, impulsar objetivos profesionales, laborales o personales, para aumentar el amor propio.

Cuando se busca crear aguas para trabajar espiritualmente con esta luna o con Deidades que están asociadas a ella, se recomienda utilizar agua de lluvia (que alimenta las cosechas y el crecimiento de las plantas) o agua de río.

Agua de Luna Llena

Los practicantes cargan agua de luna llena para todo tipo de preparados asociados al amor, la belleza, fertilidad, el fortalecimiento de parejas y familia, para el desarrollo de la intuición.

También es utilizada en preparados para fortalecer dones, desarrollo de habilidades, materializar proyectos o ideas, potenciar y empoderar.

Cuando se busca conectar con la energía de la luna llena o Deidades vinculadas a esta luna, se suele utilizar agua de lagos, lagunas o mar.

### Agua de Luna Menguante /decreciente

El agua cargada con la luna menguante es utilizada principalmente en preparados de limpieza de energías, tanto de espacios como personal, también para realizar purificaciones emocionales y quitar energías parasitas.

Es ideal para preparados de sanación o recuperación, ayudando a menguar enfermedades, como también es utilizada para preparados especiales para cortar vicios, adicciones o malos hábitos.

También es elegida para preparados de corte de energías, exorcismo, como además para preparados de conexión con los ancestros y la búsqueda de sabiduría.

Cuando se desea conectar con la energía de esta luna o con Deidades asociadas a esta luna, se recomienda utilizar agua proveniente de deshielo, montañas o manantiales.

### Agua Solar

El agua de Sol es muy utilizada por los practicantes de la magia, ya que el sol le otorga todas sus cualidades, brindando potencia, poder, impulso y fuerza a cualquier preparado que creemos con ella.

Para crear el agua solar debes colocar en un frasco o cuenco agua de cualquier procedencia (lo ideal es tener previamente clara la finalidad de tu preparado para utilizar el agua cuya correspondencia se ajuste mejor a tu intención mágica).

**Aclaraciones:**

- No importa el tipo de frasco mientras reciba la luz de los rayos del sol.

- Puedes realizar una oración pidiendo al Sol que bendiga con su energía esas aguas.
- Puedes dejar el frasco a la intemperie mientras te asegures que ningún animal beberá de esa agua.
- Si el agua la dejas en el interior de tu hogar o espacio, es fundamental que le den los rayos de la luz del sol (lo mejor frente a una ventana).
- Como día para realizar el preparado podría ser el Domingo cuya correspondencia planetaria es el Sol.
- Para el agua quede bien cargada lo ideal es ponerla a cargar a la mañana y dejarla recibiendo los rayos solares hasta la tarde (lo ideal es de 9 hs hasta las 16 hs aproximadamente), se realiza de esta forma dado que es el tiempo donde la potencia del sol está en crecimiento hasta que llega a su punto de mayor intensidad.

El agua solar es muy potente y proporcionara de gran energía a los preparados, dándole mayor fuerza e intensidad. Por lo cual es elegida para todo tipo de preparados mágicos, entre ellos: protección, sanación, fertilidad masculina, potencia, limpieza, exorcismo, amor propio, autoestima, prosperidad, éxito, crecimiento, creatividad, etc.

## Agua Imán

Los imanes son utilizados por los practicantes de magia para atraer energías o para repeler energías que no son afines. En ocasiones suelen utilizarse para potenciar las intenciones de un preparado.

**Aclaraciones:**

Para utilizar un imán debes previamente purificarlo (esto puede ser con humo de incienso o palo santo) y luego debes programarlo según la intención, para atraer o para repeler.

Para programarlo, una vez este sahumado en tu espacio de trabajo mágico, vas a realizar tu enraizamiento y solicitar asistencia a tus Deidades o Guías espirituales con la intención de que te asistan en la tarea. Luego toma con las dos manos el imán y visualiza tu intención en la mente, trata de ver con toda claridad aquello que deseas que haga tu imán y visualiza como tu intención se trasmite a través de tus manos al imán. Tomate el tiempo que necesites para este proceso y una vez realizado puedes colocar el imán en el agua que utilizaras para el preparado.

***Programar para atraer:*** podrás utilizarlo para preparados de abundancia, prosperidad, bienestar, armonía, amor, empoderamiento.

***Programar para repeler:*** podrás utilizarlo en preparados para exorcismo, expulsar negatividad, contra envidia, mal de ojo, protección.

## Agua de Plata

El agua de plata es muy simple de realizar, pero poderosamente útil para acompañar diferentes preparados y prácticas.

- Debes tomar una pieza de plata la cual solo utilizaras para prácticas mágicas (puede ser un anillo, cadena, etc) y limpiarla muy bien físicamente y energéticamente (para lo cual puedes utilizar un sahúmo de incienso, palo santo, sándalo, etc).
- Una vez que la pieza este limpia debes colocar un recipiente con agua y colocar la plata dentro.
- Luego procederemos a consagrar para que el poder de este mineral se libere en tu agua. Para lo cual puedes seguir la forma de consagración que se presenta más adelante.
- Puedes potenciar aún más tu agua de plata cargándola con energía lunar (preferentemente Luna Llena) para lo cual puedes colocarla cerca de una ventana o a la intemperie (en un lugar donde ningún animal pueda beber de ella)

Una vez que el preparado de agua de plata está listo no se debe retirar la pieza de plata, se deja dentro del recipiente, ya que luego de usar tu agua de plata puedes agregarle más agua y dejarla reposar unos días para que la plata le brinde las cualidades al resto del agua, es decir, que no debes esperar a que se acabe y realizar nuevamente el ritual, sino que una vez programada la plata puede estar un buen tiempo dentro del flanco liberando energía a tu agua.

**Usos Mágicos:**

El agua de plata es utilizada en prácticas espirituales vinculada a la energía de la Diosa, como también para conectar con la energía lunar.

Es ideal para acompañar preparados y hechizos de intuición, videncia, sanación emocional, amor, belleza o fertilidad.

También es especialmente elegida para potenciar baños florales, armonizaciones energéticas o preparados especiales como el agua florida.

## Agua de Oro

El agua de Oro, al igual que el agua de plata, es muy simple de realizar, pero especialmente efectiva cuando se trata de preparados de protección, abundancia, limpieza de energía, prácticas espirituales solares, etc.

- Debes tomar una pieza de oro, la cual utilizaremos solamente para este preparado (puede ser en forma de anillo, cadena, etc.).
- Limpia lo mejor que puedas la pieza de forma física y energéticamente también (puedes utilizar un sahúmo de palo santo, incienso, sándalo, etc.).
- Luego colocaremos la pieza en nuestro recipiente con el agua y realizaremos la consagración (más adelante se presenta la forma de como consagrar).

- Puedes potenciar aún más tu agua de oro cargándola con energía solar, para lo cual puedes colocarla cerca de una ventana o a la intemperie (en un lugar donde ningún animal pueda beber de ella) y dejarla para que reciba los rayos de la luz del sol (lo ideal es que sea entre las 9 hs hasta las 15hs, que es cuando el sol tiene mayor fuerza).

Una vez consagrado se deja reposar unos días para que el oro colme de energía el agua. Luego de utilizarlo puedes volver a agregar agua para mantener el recipiente lleno, el oro seguirá cargando el agua.

**Usos Mágicos:**

El agua de oro se utiliza en prácticas asociadas a Divinidades solares y para conectar con la energía solar.

Puedes incorporarla en preparado de abundancia, prosperidad, riqueza o éxito laboral, ya que en estos preparados las plantas y correspondencias que se utilizan suelen ser solares.

También se utiliza en preparados y hechizos para aumentar la fuerza, fortaleza, voluntad, autoestima, amor propio o empoderamiento.

Es también utilizada en preparados vinculados a la protección ya que al estar asociada a Deidades Solares y el Sol, es particularmente fuerte y dota de gran potencia para fortalecer esta clase de intenciones.

También es ideal para preparados y hechizos de salud, para mantener el espíritu fuerte, potenciar la sanación y mantener la fortaleza emocional.

### Agua de Cristal

Esta es una elección que realizan muchos practicantes de la magia ya que resulta muy benéfica para potenciar tus preparados.

Así como el agua según su procedencia le dará un potencial especial al preparado, también puedes utilizar cristales o minerales que sean afines a tu intención mágica. Ejemplo: para un preparado de abundancia puedes utilizar agua de lluvia y un mineral como la Pirita.

En el caso que desees utilizar un mineral o cristal, debes tenerlo previamente limpio y activado para que esté te brinde sus propiedades mágicas.

Se recomienda realizar el centramiento/enraizamiento con el cristal en tus manos y luego solicitarle asistencia al espíritu del cristal para que te brinde su poder en la intención deseada. Luego debes colocarlo en el recipiente con agua y dejarlo en tu altar 1 semana al menos para que el cristal transmita su poder al agua. Lo ideal es que este sea el primer paso de la realización de tu preparado.

El día a escoger para realizar tu preparado, depende de la intención mágica que se desea, casi al final de este recetario se comparten las correspondencias mágicas de cada día de la semana (no olvides que puedes tener en cuenta también correspondencia lunar y solar).

## Capítulo II

Existe más de una forma de cómo realizar la preparación de tus aguas o lociones ya que cada tradición mágica tiene sus propios métodos de activación. En este caso utilizaremos un método tradicional de la brujería moderna basado en la antigua tradición feérica para que puedas utilizarlo sin importar cuál sea tu tradición mágica, ya que todas se basan en la Naturaleza y el espíritu de las plantas.

1- Prepara tu lugar de trabajo mágico.

2- Realiza la meditación de enraizamiento/centramiento. (más adelante la explicaremos).

3- Una vez que estás centrada/o, es tiempo de despertar el espíritu de las plantas, una a una, y comenzar a colocarlas en tu preparado (más adelante hablamos de este paso).

4- Colocadas todas las hierbas en nuestro recipiente, agregaremos alcohol y dejaremos nuestro preparado macerado entre 10 y 15 días.

5- Pasado el tiempo de maceración, colocaremos el agua y procederemos a realizar la consagración. En este punto puedes abrir tu círculo mágico, pedir asistencia a tu divinidades o guías espirituales para que te asistan en la consagración del preparado. También puedes agregar el agua en tu preparado luego de haber abierto el círculo mágico susurrando al agua tu intención y pidiendo que potencie tu preparado, esto se suele hacer cuando utilizamos agua de un lugar en especial, como agua de rio, lluvia, cascadas, lagunas, manantiales, etc.

6- Una vez finalizada la consagración. Deja el preparado unas horas para que la energía del acto mágico se asiente y penetre aún más en el preparado, luego puedes comenzar a utilizarlo.

El Enraizamiento es una técnica fundamental para un practicante de magia.

Existen distintas formas de centraminto/enraizamiento ya que cada tradición mágica las ha adaptado a su propia cosmovisión. Pero todas las tradiciones buscan hacer un anclaje espiritual en el presente y conectando con las fuerzas elementales y la red energética/cósmica. Utilizando esta clase de prácticas como preparación para un ritual o trabajo mágico, como también de forma diaria por los practicantes que buscan un desarrollo espiritual y llevar una vida alineada con las energías fundamentales y con su conciencia en el presente.

A continuación, se presenta una forma de realizar dicho enraizamiento que puedes utilizar para practicas mágicas, y de forma diaria, la cual no está asociada a una tradición mágica en especial, sino que posee solo la influencia de la Brujería tradicional y las tradiciones Feericas, buscando que el practicante pueda conectar en ellas con la Madre Tierra, el Padre Estelar, la energía femenina sagrada y masculina sagrada, su linaje y ancestros, las fuerzas elementales y claro su propia esencia presente autentica.

***Aclaración:*** *si nunca has realizado esta clase de prácticas, lo recomendable es comenzar a hacerla de forma diaria para generar un hábito mágico y acostúmbrate a conectar con estas, el realizarlo te traerá múltiples beneficios como: Mayor tranquilidad en el día a día, una mente más clara, la intuición más activa, aumento del estado de bienestar debido al alimento espiritual que recibes con cada práctica, etc.*

1. Siéntate cómodamente y permite que tu cuerpo se relaje, dejando ir todas las preocupaciones de tu vida cotidiana. Observa la espiración a medida que fluye dentro y fuera de tu nariz, y cuenta 20 inspiraciones y exhalaciones.

2. Realizamos el anclaje con las siete direcciones. El anclaje implica alinearnos con las direcciones eternas e inamovibles de Arriba, abajo, adelante, atrás, derecha, izquierda y centro. Al mismo tiempo abre la encrucijada el lugar metafísico donde inicia y termina toda magia.

**Arriba:** Siente la grandeza del cielo que te cobija, en cada inhalación trae esa grandeza hacia el centro de tu pecho y al exhalar siente la expansión que le acompaña.

**Abajo:** Siente la fuerza de gravedad que te mantiene conectado al piso, toma conciencia de la fuerza de vida que proviene de la tierra, dándote alimento y refugio, inhala esa fuerza vital hacia ti sintiendo que sube por tu cuerpo hasta llegar al centro de tu pecho.

**Adelante:** todas las cosas se mueven de un estado a otro, es por esta razón que nos alineamos intencionalmente con el destino más favorable para traerlo al centro.

**Atrás:** Todo viene de un lugar, todo tiene un origen este origen en nuestro caso es ancestral pero también divino y salvaje, aquí convocamos a todo lo que nos ha traído al presente, nuestros ancestros, vidas pasadas y las fuerzas divinas que tuvieron la inspiración de manifestarnos.

**Izquierda:** Desde la memoria de la Tierra se levanta un humo, una bruma que contiene la presencia de las Madres de la Sabiduría, las sacerdotisas primigenias con las cuales estamos alineados y a las que les pedimos nos sostengan.

**Derecha:** Desde la derecha se levanta el mismo humo con la presencia de los padres de la Sabiduría, cumpliendo el mismo rol que las madres y balanceando así lo masculino y femenino.

**Centro:** Juntamos en el centro, cielo y tierra, adelante, atrás, izquierda y derecha permitiendo que con nuestra respiración se abra ese espacio de infinitud donde el dios como luz y la Diosa como aliento respiración, ritmo se juntan y nos volvemos un pulso redentor que recuerda la luz estelar que despertó toda vida. Visualiza una flama de color naranja intenso que se ha encendido en el centro de tu pecho. El anclaje nos permite abrir la encrucijada, el lugar donde toda magia empieza y termina.

3. Toma una inspiración profunda, llenando los pulmones y enfocando tu atención en el centro de tu pecho, donde ahora se encuentra encendida como una flama de color naranja, exhala y deja que un hilo de luz del centro del corazón se dirija hacia el centro de la tierra atravesando sus múltiples capas.

4. Toma otra inspiración y exhala yendo lo más profundo que puedas. En tu visión interior visualiza una fuente de flama azul, conéctate con esta flama azul platinada e inhala tres veces y retén la respiración mientras pulsas el perineo y visualizas como la flama azul sube desde la tierra hacia ti, tomando la forma de una serpiente de flamas azul-platinadas.

5. Inspira, sostén la respiración y visualiza la energía regresando a lo largo del haz de luz, desde el centro del cuerpo de la Madre hacia arriba, pasando por todos los niveles de la Tierra y re-ingresando a tu cuerpo a través de tus pies y tu chakra base hasta llegar al corazón. Exhala, visualizando como la flama naranja y la flama azul platinada del inframundo se fusionan.

6. Inspira, sostén la respiración y toma conciencia del cielo que se encuentra sobre ti. Exhala.

7. Inspira, llevando la atención al centro del pecho, y exhala, observa un haz de luz, expandiéndose desde la flama del corazón hacia arriba, atravesando tu chakra corona, saliendo de él, ascendiendo e introduciéndose en el aire sobre tu cabeza, yendo hacia arriba y atravesando el techo. Obsérvalo viajar en el cielo, a través de las nubes y la atmósfera y hacia más arriba, en el profundo azul índigo del espacio. Observa cómo se mueve cruzando y atravesando el sistema solar, alejándose de la tierra y del sol. Visualízalo moviéndose a través de la galaxia y el universo, alcanzando la estrella brillante más lejana que puedas imaginar. Él es el Padre Estelar. Exhala. Repite tus inspiraciones y sostén el aire hasta que la imagen se vuelva estable. Imagina que empieza a caer del cielo una cascada de fuego blanco dorado como un reflector sobre ti.

8. Inspira, sostén la respiración y empieza a pulsar el perineo, mientras observas la energía pulsando a lo largo del haz de luz mientras va tomando la forma de una paloma o fénix de fuego blanco dorado que se dirige hacia ti. Deja que entre por la coronilla y descienda hasta el centro del pecho, donde se halla la flama naranja... Exhala.

9. Inspira, sintiendo como se funden la flama blanca dorada con la flama naranja y el azul platinado y visualiza una explosión de luz. Siente como los hilos luminosos de esta explosión son los hilos que te conectan a todo el resto del universo. Haz juntado las tres flamas y has abierto un portal, siente tu conexión con el tejido de la vida e irradia tu luz y bendiciones a este tejido.

Manteniendo la apertura de tu corazón, muévete más profundo dentro de tu centro en el lugar de paz y serenidad interior. Una vez que hayas alineado tu triple Alma, puedes sentir como los hilos de luz del centro de tu corazón: que ahora es un portal abierto, te conectan con absolutamente todas las cosas, siente como esos hilos te conectan a los lugares de poder de tu tierra como los bosques, montañas y llanos que has visitado y al mismo tiempo con esos lugares que están al otro lado del mundo, entra en comunión con esa red y envíale tus bendiciones.

Como su nombre lo indica el despertar de los espíritus de las plantas es despertar los poderes mágicos y medicinales de las plantas, esto lo realizamos ante de la realización de cualquier preparado ya sea para usos terapéuticos o esotéricos. Es importante que realicemos esta práctica sin importar ya que de esta manera le pedimos a la planta nos brinde todas sus virtudes. Para realizar el despertar de los espíritus de las plantas debes seguir los siguientes pasos:

Acerca a tus labios la hierba y recita las siguientes palabras:

*"Despierta, despierta espíritu despierta*

*Que me voz escuches y que a mi aliento atiendas"*

Nombra el nombre de la planta tres veces y luego toma un poco de aire y sopla de tu aliento (También puedes soplar y luego nombrarla tres veces, no hay inconveniente si inviertes el orden)

Ahora háblale a la planta, nombrándole todas las virtudes que deseas que ella otorgue a tu preparado y de qué manera deseas que te ayude.

Al finalizar dale las gracias y ya puedes proceder a preparar.

Es importante que siempre antes de cualquier trabajo con las plantas hagas este despertar, no solo con los preparados que realizas tú mismo o tu misma, sino también con todo aquello que compres y contengan la presencia de plantas incluyendo medicamentos naturales ya que de esta forma atraes y potencias los poderes de las hierbas que conforman dicho producto.

Frente a tu altar o un espacio personal ubica los cuatro elementos. Si cuentas con un pentáculo puedes hacer uso de él y ubicar los elementos de la siguiente manera:

En donde va cada elemento ubica un objeto que lo represente por ejemplo en el aire incienso o sahumerio, en la tierra una piedra, en elemento fuego una vela encendida y en el elemento agua una copa, un bol, un cuenco o una concha con agua.

Inicia con el elemento agua

Toma el preparado y pásala por cada uno de los elementos diciendo:

Yo limpio y consagro................... (El nombre del preparado) en el elemento Agua para que le brinde el poder de los guardianes del agua - puedes salpicar un poco de agua al preparado.

Yo limpio y consagro................... (El nombre del preparado) en el elemento fuego para que le brinde el poder de los guardianes del fuego

Yo limpio y consagro................... (El nombre del preparado) en el elemento tierra para que le brinde el poder de los guardianes de la tierra

Yo limpio y consagro................... (El nombre del preparado) en el elemento aire para que le brinde el poder de los guardianes del aire

Al terminar esta parte coloca el preparado en el centro del pentáculo, frota tus manos por un momento luego colócalas alrededor del recipiente y visualiza como de tus manos salen rayos de luz que penetran e ilumina.

## Capítulo III

Recetas

## Loción de Canela

Esta es una de las lociones más conocidas y que puedes encontrar en las tiendas esotéricas o santeras. Si bien es muy simple de realizar es excelente para la abundancia, la riqueza, impulsar proyectos, despertar la pasión, etc.

**Receta:**

- Agua de lluvia o de manantial (utilizaremos 30% de la capacidad del recipiente).
- Alcohol etílico de 96vol. (utilizaremos 70% de la capacidad del recipiente).
- 3 Ramas de canela (evitar usar la canela en polvo, de no tener otra opción utilizar 3 cucharadas).

**Aclaraciones del preparado:**

Si bien este preparado se lo encuentra en santerías o tiendas de magia, no lo compres a menos que sepas que bruj@ lo creo y que te garantice que fue creado con la intención correcta (NO compres los realizados por fabricas para trabajar en la magia).

Es importante que este intencionado de forma adecuada, ya que la loción de canela puede ser utilizada con fines diferentes (abundancia, amor, empoderamiento, etc), por lo cual se recomienda que creemos nuestra loción ajustada a la intención que tenemos y la carguemos con esa intención especial para que sea más efectiva y potente. De tener más de una intención para la loción, lo mejor es realizarla en dos recipientes diferentes, para que cada uno pueda ser intencionado con mejor claridad y de forma específica, ejemplo: creas un preparado para amor y otro preparado para abundancia.

En caso de no disponer de canela en rama o polvo algunos practicantes suelen utilizar el aceite esencia de canela en una proporción de 9 gotas cada 100 ml

**Usos Mágicos:**

La loción de Canela se utiliza para atraer clientes a un negocio, para hacerlo debes colocar tres chorros en un balde de agua con el cual limpiaras el piso del lugar, debes comenzar por la puerta de ingreso al negocio hacia el fondo, poniendo la intención de atraer los clientes mientras lo haces. También puedes utilizar el preparado en forma de aspersor para echar sobre los productos que deseas vender o en caja registradora para que el dinero llegue.

Para atraer la abundancia y las oportunidades económicas: debes colocar unas gotas de esta loción en tu cartera o billetera, mientras visualizas la abundancia entrando en ella, también se suele poner algunas gotas en los billetes que llevas en tu cartera con la intención de que se multiplique y que cada billete que utilizas atraiga el doble.

Puedes también utilizarla sobre objetos más grandes que deseas vender como un carro, colocando tres chorros en un balde de agua y utilizando un paño lava el carro con la intención de que llegue el comprador ideal y que ofrezca lo que deseas por él.

Esta loción puede ser utilizada para despertar la pasión en una pareja, para hacerlo se rocía la cama de la pareja para despertar el deseo sexual y la pasión.

También puede ser utilizada mágicamente para generar pasión y atracción en nuevas relaciones, para ello se suele colocar unas gotas de canela en un pequeño trocito de tela y se la coloca dentro de las prendas íntimas.

Esta loción puede ser utilizada para empoderamiento personal, si necesitas adquirir fortaleza por alguna situación, seguridad, valor o autoconfianza, la canela es una excelente elección. Puedes utilizarla como perfume para usar en el día a día, sea en la piel o prendas de vestir. También es excelente para acompañar rituales de empoderamiento.

Esta clase de lociones es utilizada también en preparados de protección como agua de base a la que le incluyen otras hierbas y simbolismos.


**Correspondencias de las plantas de este preparado:**


**Canela (Cinnamomum verum)**

**Género:** Masculino.

**Planeta:** Sol.

**Elemento:** fuego.

**Deidades:** Venus y Afrodita.

**Propósitos mágicos**: Espiritualidad, éxito, curación, poder, poderes psíquicos, amor, sexualidad y belleza.

El aroma del incienso de canela eleva las vibraciones espirituales, favorece a la curación tanto física como emocional, estimula el desarrollo de los poderes psíquicos y produce vibraciones protectoras tanto al espacio físico como a nivel energético de las personas. Sus notas picantes estimulan el deseo y la sexualidad en la pareja, puesto que crea un ambiente que energéticamente favorece a ello.

Este preparado es muy simple de realizar, pero poderosamente efectivo, ya que el poder de la Rosa es excelente para despertar el amor en la pareja, atraer amor y despertar el amor propio.

**Receta:**

- Agua de lluvia o de manantial (utilizaremos 30% de la capacidad del recipiente)
- Alcohol etílico de 96vol. (utilizaremos 70% de la capacidad del recipiente).
- Al menos 3 gotas de rocío de rosas
- Pétalos de Rosa (pueden ser frescos o secos

**Aclaraciones del preparado:**

En esta receta es importante tratar de conseguir agua de roció de rosas porque potenciara aún más tu preparado, por lo general los practicantes suelen recolectarlo de parques o rosedales. Claro que se consiguen pocas cantidades, pero con unas gotas es suficiente para que potencien el preparado.

Para este preparado los pétalos de rosas pueden ser de cualquier color (aunque los más elegidos son Rojos para el amor y Blancos para amor propio), estos pueden ser recientemente recolectados o secos, aunque estos últimos por lo general se utiliza más cantidad, ya que debemos colocar todos los pétalos hasta llenar el recipiente y luego colocar el agua hasta cubrirlos a todos.

En caso de no disponer de pétalos de rosas algunos practicantes suelen utilizar el aceite esencia de rosas en una proporción de 9 gotas cada 100 ml

**Usos Mágicos:**

La loción de Rosas es utilizada como perfume en citas para despertar el amor y la sensualidad, se suele colocar en un aspersor y colocarlo en la piel de la misma forma que un perfume (las personas que son alérgicas suelen colocar 3 gotas de esta loción en el interior de un pañuelo o paño, doblarlo y portarlo en un bolsillo o cartera).

Se utiliza en el hogar de los recién casados para que el amor fluya en el ambiente, también es recomendado para parejas que estén pasando momentos difíciles de la relación para salir de círculos conflictivos o de discusiones, mejorando el ambiente y restaurando el amor. En esos casos se lo coloca en un aspersor y se lo esparce por el habiente una vez a la semana al menos (puedes utilizarlo en el momento que lo necesites, pero recuerda que esto ayudará a armonizar las situaciones, pero no las resolverá, ya que eso es parte de la relación como pareja debe estar el compromiso y la intención de querer curar la relación).

Es excelente para momentos donde se está trabajando el amor propio o reconociendo la belleza personal. En este sentido suele usarse en rituales utilizando su aroma en el entorno para generar un entorno ritual favorable, predisponernos energéticamente y fomentar el amor en el espacio.

Es utilizado también cuando se está buscando superar una relación pasada o dejar atrás el pasado de un tiempo difusión, el espíritu de la Rosa ayuda en el proceso de alejarse de patrones tóxicos y fomentar el bienestar con amor. En estos cosos se la suele colocar en un aspersor y utilizar de forma diaria antes de comenzar el día o antes de salir del hogar, puede ser utilizado también acompañando una meditación matutina de bienestar las cuales son muy comunes en esta clase de procesos.

**Correspondencias de las plantas de este preparado:**

**Rosa (Rosa spp.)**

**Género:** Femenino.

**Planeta:** Venus.

**Elemento:** Agua.

**Deidades:** Hathor, Huida, Eros, Cupido, Deméter, Isis, Adonis, Harpocrates y Aurora.

**Propósitos mágicos:** Amor, poderes psíquicos, curación, adivinación amorosa, suerte y protección

Los pétalos de la rosa se utilizan para atraer la energía del amor debido a su asociación con las emociones. El aroma del sahumerio de rosas puede atraer a las hadas.

También pueden atraer a la suerte y actuar como protector personal.

Esta es una de las lociones más famosas y efectivas para realizar limpieza de energías negativas de un espacio o persona.

Algo que es importante aclarar sobre esta loción es que en tiendas o redes las recomiendan para romper hechizos o maldiciones, pero esto no es del todo cierto, ya que, si bien la Ruda es una planta utilizada para expulsar, exorcizar y limpiar, no alcanza solamente con el uso de la planta, sino que debe ser empleada por un practicante familiarizado con estas técnicas.

También es recomendable siempre preara uno mismo esta clase de loción en vez de comprar las que se ofrecen de forma industrial ya que estas carecen de intención mágica y además no podrás saber a ciencia cierta que ingredientes tiene.

**Receta:**

- Agua de Río o agua de Mar (utilizaremos 30% de la capacidad del recipiente).
- Alcohol etílico de 96vol. (utilizaremos 70% de la capacidad del recipiente).
- Hojas y/o Flores de Runda
- La cascara de 1 Limón.

**Aclaraciones del preparado:**

Debes procurar sacar solo la cascara del limón para que el proceso de macerado sea ideal y de esa forma el preparado tenga un buen aroma.

Debes colocar en el recipiente de macerado las cascaras del limón y luego completar hasta llenarlo con Ruda, por último, se coloca el alcohol hasta recubrir el recipiente.

En caso de no disponer de Ruda y/o Limón algunos practicantes suelen utilizar el aceite esencia en una proporción de 9 gotas cada 100 ml

**Usos Mágicos:**

La loción de Ruda es ideal para realizar limpiezas simples y también para acompañar todo tipo de prácticas de limpieza complejas.

Es utilizada en forma de baño de limpieza energética personal. Para lo cual se deben colocar tres sorbos de loción en una cubeta con agua, intencionar el baño para limpiar tu energía e ir vertiendo el agua desde la coronilla hasta los pies.

En caso de querer ayudar a algún ser querido que su energía esta densa pero que físicamente no se encuentra a tu lado, suelen realizase limpiezas a distancia utilizando velas embebidas con esta loción. Se debe mojar el dedo índice y anular con la loción y pasar por la vela desde la base hacia el pabilo, cargando de intención de limpiar a esa persona y luego realizar el ritual pidiendo asistencia a tu divinidad o guías para encender la vela y limpiar a la persona. (Si te interesa saber sobre esta clase de prácticas, velas vestidas o interpretar las llamas y sellos, te recomiendo el Libro de Ana María Martínez Rocha "Velas, magia y lectura oracular".

También es utilizada para realizar limpiezas de energía en negocios o lugares de trabajo, con la intención de alejar la envida y las malas intenciones. Para hacerlo se debe colocar tres sorbos en un balde con agua, intencionar solicitando asistencia a tus Deidades o Guías y luego trapear el piso del lugar desde el fondo hacia afuera, es decir, comenzar por la parte más lejana al ingreso y finalizar en la puerta de entra, todo el tiempo concentrando nuestra intención en sacar, cortar, limpiar y purificar el lugar. Este método también es utilizado para realizar limpiezas de energía en los hogares cuando sentimos que están cargados, cuando se dan discusiones, peleas o rencores.

También puedes utilizar este preparado para limpiar regularmente tus herramientas mágicas. Esto se realiza cuando sentimos que una herramienta mágica (como un atame, péndulo, incluso amuletos) están muy cargados de energía negativa o densa, como también se usa con más regularidad en elementos que los practicantes usan en prácticas para otras personas, limpiando dichos elementos luego de cada sesión para limpiarlos de la energía del consultante o paciente. Para hacerlo tienes diferentes formas, pero las más comunes son utilizar siempre un pequeño paño que se tenga bajo el altar únicamente para esta función, otra de las formas es utilizar el soplo de la misma forma que se hace con el "agua florida" (se trata de utilizar tu aliento para transmitir tu intención, colocas una pequeña cantidad en tu boca y la soplas en forma de rocío sobre los elementos que se busca limpiar) dejándolos luego reposar un momento antes de volver a utilizarlos. Al respecto de este último método, algunos practicantes tienen problemas con el soplo (sea por forma de sus labios o por no sentirse cómodos con la técnica), por lo cual utilizan un aspersor para limpiar sus herramientas mágicas.

Es utilizado de forma inmediata en lugares donde se dio un conflicto reciente o donde se percibe que una persona ingreso o se retiró del lugar con mala energía. Para lo cual, se coloca en un aspersor, se pide asistencia a tu Divinidades o Guías y se difumina en el espacio, comenzando desde el este, en el sentido de las agujas del reloj, acompañando todo el proceso de oraciones personales para expulsar energías y sosteniendo la intención clara durante todo el proceso. Esta clase de usos es muy común entre los practicantes oraculares, se suele realizar siempre entre cada sesión para mantener un ambiente limpio energéticamente.

Esta loción es utilizada en todo tipo de limpiezas como podemos ver, pero cuando se trata de ataques mágicos, no debemos recurrir a esta clase de preparados, sino que lo ideas es que un practicante de la magia realice un rastreo para saber que está sucediendo y en base a eso realice la limpieza adecuada (en la mayoría de casos comunes, esta clase de lociones son uno de los preparados que se utilizan, pero no son el único).

**Correspondencias de las plantas de este preparado:**

**Ruda (Ruta)**

**Género:** Masculino.

**Planeta:** Marte.

**Elemento:** Fuego.

**Deidades:** Diana y Aradia.

**Propósitos mágicos:** Curación, salud, poderes mentales, exorcismos y amor

El incienso con las flores o las hojas de la ruda potencian rituales de ruptura hechizos y maldiciones. Encenderlo en casa produce limpieza y protección del espacio físico y de las personas que lo habitan alejando así la negatividad del exterior y el mal de ojo. Puede combinarse con otras plantas enfocadas a la salud ya que puede potenciar los poderes curativos, por lo cual se recomienda elevar su humo en la habitación de un enfermo para infundir en la fuerza para una pronta recuperación.

**Limón (Citrus limón)**

**Género:** Femenino.

**Planeta:** Luna.

**Elemento:** Agua.

**Propósitos mágicos:** Longevidad, purificación, amor y amistad.

El humo emanado de los inciensos con la presencia del limón, limpian cualquier objeto de vibraciones negativas al igual que los lugares. Fortalece los lazos de amistad y amor tanto de pareja como de familia. El limón ha sido usado en preparados para infundir la longevidad, es decir el hacer los objetos, situaciones y emociones más duraderas.

Esta loción es ideal para armonización energética en el día a día, para armonizar espacios de trabajo u hogar. Nos permite expandir una energía sanadora, pacífica, alegre, amorosa y de bienestar.

**Receta:**

- Agua de lluvia o de río (utilizaremos 30% de la capacidad del recipiente)
- Puedes agregar 9 gotas de agua de Cascada (solo si tienes).
- Alcohol etílico de 96vol. (utilizaremos 70% de la capacidad del recipiente).
- La cascara de un Limón
- La cascara de una Naranja
- La cascara de una Mandarina
- Una Rama de Canela
- Una cucharada de Romero
- Una cucharada de Lavanda

**Aclaraciones del preparado:**

Utiliza un frasco mediano (250 ml estaría bien), lo importante es que entren bien todos los ingredientes pero que estos no queden con mucho espacio entre sí.

El tamaño de las frutas no importa, solo busca que sean más o menos proporcionales entre las tres, aunque la naranja suele ser un poco más grande (no hay problema que uses un poco más de cascara de esta fruta ya que es la que aporta dulzura y felicidad a nuestro preparado) puedes cortar en trozos pequeños los cítricos para que entren mejor.

La proporción de Lavanda y Romero es de una cucharada sopera colmada, que sería más o menos 5 g.

El agua de base puede ser de lluvia o de Río, pero recuerda que de no tener estas siempre puedes remplazarlas con agua de manantial.

En este preparado en especial puedes utilizar agua de cascada si posees como potenciador de armonía. También algunos practicantes cuando no poseen agua de cascada usan agua de rocío recolectada de hojas de árboles frutales o de plantas de Romero o Lavanda (Si vas a remplazar por rocío utilizarías solo 6 gotas en total).

Recuerda que tanto el agua de cascada como de rocío en este preparado se utilizan como potenciadores, por lo cual no es imprescindible, de no tener puedes realizar el preparado sin ellas.


**Usos Mágicos:**

La loción suele colocarse en aspersores y utilizarse en los ambientes (sean de hogares o lugares laborales) cuando sentimos que la energía está estancada, cuando se han dado discusiones o conflictos en el lugar. Recuerda que lo ideal es esparcir en el ambiente de forma circular en sentido de las agujas del reloj y utilizando oraciones de purificación, bienestar y paz.

También suele colocarse en el cuerpo como si fuera un perfume antes de salir a la calle para mantener una buena energía y alejar las discusiones o conflictos. Para utilizarlo debes ponerlo sobre tu campo áurico (no sobre la piel), por lo general se utiliza un aspersor y se rocía por todo el cuerpo desde la cabeza hacia los pies, a 20 cm de distancia del cuerpo. Puedes solicitar asistencia a tus guías o divinidad para que te cubran con su manto y visualizar como lo hacen mientas te colocas la loción.

Algunas personas mezclan su perfumen personal (aromático) con la loción mágica, pero esto **NO** es recomendable, ya que esta loción mágica se intenciona sobre el campo áurico y no sobre la piel. Lo mejor es utilizar las cosas por separado.

Puedes utilizar este preparado también en espacios de trabajo mágico para armonizar el ambiente y como preparación para una práctica mágica. Incluso en lugares de trabajo terapéutico o trabajo espiritual como centros holísticos o institutos de yoga, este preparado es ideal para predisponer a las personas a la relajación, la sanación, el bienestar y la armonía. En estos casos se suele colocar 1 chorro en un balde con agua y esparcir por todo el ambiente con un trapeador.

**Correspondencias de las plantas de este preparado:**

**Limón (Citrus limón):** La descripción de las correspondencias de esta planta ya la vimos en la loción de "agua de Ruda y Limón".

**Canela (Cinnamomum verum):** La descripción de las correspondencias de esta planta ya la vimos en la loción de "agua de Ruda y Limón".

**Romero (Salvia rosmarinus)**

**Género:** Masculino.

**Planeta:** Sol.

**Elemento:** Fuego.

**Propósitos mágicos:** Protección, amor, deseo sexual, poderes mentales, exorcismo, purificación, curación, sueño y juventud.

Puede agregarse las hojas del romero en el preparado de inciensos enfocados al exorcismo por sus propiedades purificadoras que alejan y destruyen la negatividad que esta cernida sobre una persona o espacio físico.  Puede ser encendido su incienso antes de realizar algún ritual y durante o al finalizar una sección de limpias energéticas. Favorece en el fortalecimiento de los poderes mentales, concentración y aprendizaje.

**Naranja (Citrus sinesis)**

**Género:** Masculino.

**Planeta:** Sol.

**Elemento:** Fuego.

**Deidad:** Oshun

**Propósitos mágicos:** Amor, adivinación, suerte y dinero

Las cascaras rayadas secas o el aceite esencial en los inciensos, elevan y fortalecen las frecuencias del amor y felicidad en la pareja. También puede combinarse sus propiedades junto a hierbas de abundancia para atraer el éxito y el dinero. Su aroma favorece al despertar adivinatorio en secciones de lecturas oraculares.

## Mandarina / Mandarino (Citrus reticulata)

**Género:** Masculino

**Planeta:** Mercurio

**Elemento:** Fuego

**Propósitos mágicos:** Suerte, purificación, concentración, creatividad, conocimiento.

El aroma de la mandarina favorece a la concentración y la creatividad, ideal para momentos de estudio. El poner incienso de mandarina ayuda a mejorar el proceso de aprendizaje en cualquier área. El humo de la mandarina ayuda en la purificación de espacios, las cascaras secas de esta fruta combinada con otras plantas enfocadas a la suerte, pueden atraer estas vibraciones positivas a la persona que tenga contacto con ellas.

## Lavanda (Lavandula)

**Género:** Femenino
**Planeta:** Venus
**Elemento:** Agua
**Propósitos mágicos:** Sueños lucidos, paz, espiritualidad, psiquismo e intuición.

La flor de lavanda es conocida por sus utilizaciones en los propósitos espirituales, puede producir una conexión espiritual más fuerte, un despertar de la intuición a través de su humo sagrado que al tener contacto con las vías respiratorias y así mismo con el sistema nervioso central, permite una apertura del plano intuitivo iluminado por la sabiduría de lo divino.

Favorece a los estados meditativos, brinda sensaciones de paz, tranquilidad y puede transmitir estas sensaciones igualmente al espacio físico.

Existen muchas formas de crear esta clase de preparados, algunas están asociadas a divinidades especiales que están relacionadas con la abundancia o las cosechas. En este caso utilizaremos se comparte una receta que puedes utilizar sin importar que línea pagana tengas, ya que está asociada a la madre naturaleza como gestadora de la riqueza de la vida y señora de las cosechas.

Esta receta también es conocida como "7 potencias de abundancia", ya que se realiza con 7 de las más poderosas hierbas de prosperidad y éxito, las cuales se encuentran de forma cotidiana en nuestra vida.

**Receta:**

- Agua de lluvia (utilizaremos 30% de la capacidad del recipiente)
- Puedes agregar 9 gotas de agua de Cascada (solo si tienes).
- Alcohol etílico de 96vol. (utilizaremos 70% de la capacidad del recipiente).
- 1 cucharadas de manzanilla.
- 3 hojas de laurel.
- 1 cucharada de romero.
- 1 cucharada de arroz.
- 1 cucharada de maíz.
- 1 cucharada de aceite de girasol.
- La cascara de una naranja.

**Aclaraciones del preparado:**

Se le llama también "preparado de 7 potencias de Abundancia" porque utiliza el poder de 7 hierbas asociadas a la prosperidad, el éxito y el dinero.

La cantidad de Manzanilla y Romero es de una cucharada sopera colmada, que sería más o menos 5 g.

En cuanto a las 3 hojas de Laurel, pueden estar secas o húmedas.

Puedes utilizar el arroz de tu cocina para este preparado, la cucharada es más o menos 10g, al igual que el maíz debe ser en grano, colocando la misma cantidad (10 g).

El aceite de girasol puedes utilizar el mismo que utilizas para cocinar, solo procura que sea puro o levemente rebajado (algunos aceites de cocina dicen ser de girasol, pero al leer el prospecto vemos que son mezcla de diferentes aceites teniendo muy poco girasol, por lo cual te recomiendo utilizar uno que al menos el 80% sea de girasol). Otra opción es remplazar el aceite por semillas de girasol, utilizando una proporción igual que el arroz y el maíz (10 g).


**Usos Mágicos:**

Este preparado tiene diferentes formas de uso, todas ellas con la intención de atraer abundancia, prosperidad y éxito.

De forma personal se suele colocar unas gotas dentro de la billetera o cartera para que venga la abundancia a tu vida y la economía personal mejore de forma cotidiana. Se recomienda colocar todos los días domingo en cualquier momento mientras el sol este presente, para atraer dicha abundancia durante toda la semana.

Puede ser utilizado para atraer clientes a un negocio o generar prosperidad en el hogar. Para lo cual se deben colocar 3 chorros de loción en un balde con agua, pedir asistencia a tu divinidad o guías espirituales, y trapear el lugar desde la entrada hasta el fondo, mientras visualizas a la abundancia ingresando al lugar y acompañas el proceso con oraciones intencionando dicha prosperidad.

Otra forma de utilizar es colocándolo en un aspersor y rociarlo sobre los objetos que deseamos vender, ejem: Rociar un carro que deseamos vender o el frente de una casa.

**Correspondencias de las plantas de este preparado:**

**Naranja (Citrus sinesis):** La descripción de las correspondencias de esta planta ya la vimos en la loción de "loción de armonización".

**Romero (Salvia rosmarinus):** La descripción de las correspondencias de esta planta ya la vimos en la loción de "loción de armonización".

**Manzanilla (Antbemis nobilis)**

**Género:** Masculino.

**Planeta:** Sol.

**Elemento:** Agua.

**Poderes:** Dinero, sueño, amor y purificación

El sahumerio con las flores de manzanilla puede favorecer al estado meditativo y a los sueños lucidos, puesto que es una hierba purificadora y protectora. El sahúmo de manzanilla en los espacios físicos, ahuyenta los hechizos y maldiciones.


**Arroz (Oryza sativa)**

**Género:** Masculino.

**Planeta:** Sol

**Elemento:** Aire.

**Usos mágicos:** Protección, atrae la prosperidad y la abundancia, fertilidad. Se arroja a los recién casados para atraer la fertilidad, también se arroja en los tejados para proteger la casa, en el campo se arroja arroz al viento para que atraiga las lluvias.


**Maíz (Zea mays)**

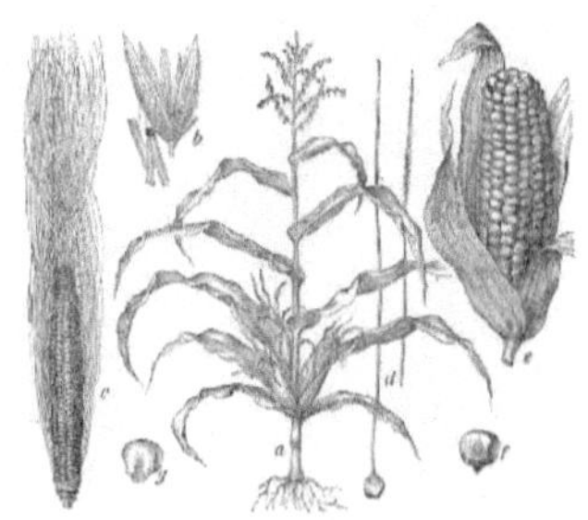

**Género:** Femenino.

**Planeta:** Venus.

**Elemento:** Tierra.

**Usos mágicos:** abundancia y prosperidad, suerte y buena fortuna, adivinación. Las semillas son utilizadas para prosperidad y fertilidad. Es el símbolo del alimento que brinda la madre tierra, asociado a deidades como la Diosa del Maíz, Diosas como Nakawe u Olianaka, Deméter, Ceres, etc. Es utilizado de forma simbólica en oráculos como las Runas bruja para representar las cosechas y la abundancia. Colocar un ramillete detrás de la puerta de negocios o el hogar atrae la prosperidad.


**Girasol (Helianthus annuus)**

**Género:** Masculino.

**Planeta:** Sol.

**Elemento:** Fuego.

**Usos mágicos**: Atrae la Fertilidad, es también un símbolo de la cosecha asociado a la prosperidad y el éxito. Es utilizado también en preparados para atraer el deseo, la buena salud y preparados de sabiduría.

**Laurel (Laurus nobilis)**

**Género:** Masculino.

**Planeta:** Sol.

**Elemento:** Fuego.

Usos mágicos: Es utilizado para curación y purificación. También es especialmente elegido para hechizos de protección. El laurel otorga fortaleza a quien lo porta, es un símbolo de éxito y gloria, utilizado en preparados para alcanzar objetivos y metas. También es utilizado para desarrollar los poderes psíquicos. Por todo esto el laurel es empleado en prácticas con diferentes deidades como Escolapio, Apolo, Ceres, Fauno y Eros.

El Palo Santo, también conocido como "madera sagrada", es una especie arbórea cuya madera es reconocida por su aroma intenso con un toque ligeramente cítrico.

Por ello, esta se utiliza ya sea en su estado natural o como incienso para fines energéticos, ya que ayuda a crear armonía, paz y tranquilidad.

Sin embargo, que caracteriza al Palo Santo es que sus propiedades empiezan a aparecer cuando el árbol se seca y muere, es decir, tienen que pasar algunos años para que la madera empiece a desarrollar los componentes que generan su característico olor.

Al contener una gran concentración de limonene, sustancia natural que se extrae del aceite de las cáscaras de los cítricos, el Palo Santo tiene un olor dulce y leñoso, con toques de menta, eucalipto y limón.

**Receta:**

- Preferentemente Agua de Montaña o sino agua de lago, laguna, cascada (utilizaremos 30% de la capacidad del recipiente)
- Alcohol etílico de 96vol. (utilizaremos 70% de la capacidad del recipiente).
- Madera de Palo Santo

**Aclaraciones del preparado:**

La cantidad de palo santo debe ocupar el 50% del recipiente. Se recomienda utilizar las ramas cortadas lo más pequeñas posibles para que libere mejor sus propiedades y aroma.

También es recomendable que lo dejes macerar más tiempo de lo normal (25 a 30 días) para que el palo santo libere al máximo sus propiedades.

El agua se recomienda que sea de montaña, ya que esta clase de preparados son utilizados para trabajo espiritual, pero de no tener puedes utilizar de lago, laguna o cascada, y de no tener posibilidad de conseguir ninguna de ellas recuerda que siempre puedes utilizar agua de manantial o lluvia.

**Usos Mágicos:**

Es utilizado para armonización del campo áurico en prácticas de purificación personal o en terapias holísticas. Se suele colocar en un aspersor y rociar en el campo áurico de la personal luego de finalizar una limpieza energética o un proceso de desapego, luego de usarlo se suele dejar a la persona relajar unos minutos mientras el palo santo se asienta en su campo.

Es utilizado también para purificar o santificar altares y espacios mágicos. Por lo general esto se hace quemando directamente una rama usándola como sahúmo, pero en algunos lugares no se permite hacer humo por precaución a incendios o alarmas por lo cual la loción puede ser muy útil en estos casos.

Es también utilizada de forma personal como protección contra la envidia, el mal de ojo y energías negativas. Para lo cual se suele utilizar sobre el propio campo áurico antes de salir del hogar o de comenzar el día, puedes realizar oraciones de protección mientras lo pasas por tu cuerpo, visualizando que el palo santo se vuelve una capa protectora que te cubre.

También puedes colocar unas gotas en tu almohada para que te ayude a descansar en paz y con tranquilidad, ya que genera un ambiente energético armónico, fomentando el buen descanso y calmando la mente.

Es muy bueno para personas que se encuentren en un proceso de sanación largo sea física o emocional, para lo cual se recomienda realizar meditaciones guiadas de bienestar y armonía, en las que previamente antes de realizarlas se debe rociar esta loción a tu alrededor y sobre tu campo áurico con la intención de sanar, restaurar, curar, transformar o purificar.

Es también utilizado en el hogar o lugares de trabajo para generar ambientes más sanos, para que no se generen fricciones en los grupos de trabajo, alejar la envidia y las malas intenciones. Para esto puedes colocar 3 chorros de loción en un balde con agua y pasar por todo el lugar desde el fondo del lugar hacia la puerta de ingreso. Este proceso puedes hacerlo 1 ves a la semana si sientes que la energía se carga rápidamente, pero si sientes que se carga menos de energía negativa el ambiente puedes hacerlo al comienzo de cada mes.

**Correspondencias de las plantas de este preparado:**

**Palo santo (Bursera graveolens)**

**Género:** Femenino

**Planeta:** Luna

**Elemento:** Agua

**Propiedades mágicas:** Espiritualidad, protección, salud, purificación, paz.

El Palo Santo tiene el poder de alejar las energías negativas y atraer las energías positivas, debido a sus propiedades de limpieza física y espiritual. Propicia la meditación ya que relaja la mente profundizando en los momentos espirituales de meditación y contemplación, trayendo a su vez sensación de paz, tranquilidad y conexión con lo divino.

Este preparado es originario de Perú y todos los ingredientes deben de provenir de la selva, por lo cual es muy difícil conseguir por lo que muchos deciden comprarla hecha a los brujos herbales peruanos. De todas formas, disidí que era importante incluir este preparado y receta dado que se escucha mucho sobre el en Sudamérica y no siempre se lo usa de forma correcta.

**Receta:**

- **Catuaba:** Raíz hojas y fruto de este árbol, lo más fresco posible.
- **Pijuayo:** Fruto y hojas de este árbol
- **Huito:** Raíz hojas y fruto de este árbol, deberemos hacerlos secar en un recipiente totalmente cerrado por 5 días.
- **Cashucsha:** Solo necesitaremos la raíz
- **Fierro Caspi:** Necesitaremos su raíz, pero esta debe de ser muy fresca
- **Chicosa:** Igual que la anterior necesitaremos su raíz de forma muy fresca.
- **Chuchuhuasi:** Raíz hojas y fruto de este árbol.
- **Murcuhuasca:** Solo Raíz de este árbol.
- **Tahuari:** Necesitaremos solo la Raíz, pero esta deberá ser fresca.
- **Huacapurana:** Necesitaremos la corteza muy fresca.
- **Aguardiente:** Aproximadamente 3 litros de esta.
- **Una cuba de caña:** Barril de caña de azúcar, que se usara para la fermentación, y posteriormente la maceración.
- **Miel de Abeja:** Tiene que ser totalmente fresca, si es posible de un panal propio.
- **Un recipiente con Tapa Grande:** Puede ser cualquier recipiente, en este depositaremos la pusanga para luego filtrarla.

- **Un recipiente con boca pequeña con Tapa de Corcho:** Aquí envasaremos nuestra Pusanga.

Todos los ingredientes deben estar en la misma proporción, y absolutamente todos son igual de importantes.

**Preparado:**

Una vez que tengamos todos nuestros ingredientes de la pusanga, deberemos juntarlos todos entre sí, y de forma manual, en un batan o con una piedra, deberemos mezclarlos. El aguardiente deberá quedar separada para el final.

Cuando estemos moliéndolos deberemos evitar dar golpes, por el contrario, deberemos tan solo presionarlos con fuerza, tan poco es necesario que todos nuestros ingredientes queden perfectamente molidos. Lo que si es necesario es que se empiece a crear una pasta y que esta cubra a todos los ingredientes por completo. Evitemos que a nuestra mescla se le unan otras cosas, como el polvo o suciedad.

Debemos ser pacientes en nuestro proceso de mescla, aproximadamente lo haremos primero por media hora, luego lo taparemos con un mantel o un trapo totalmente limpio, pero tiene que estar en el sol.

Esperaremos aproximadamente unas dos, para volver a mesclar con nuestra piedra todos los ingredientes, aclaro que ahora será más sencillo, y por lo tanto lo haremos por 20 minutos más, el sol ayuda a que se puedan moler mucho más rápido.

**Fermentación:**

Una vez que terminemos será el momento de hacerlo fermentar, introduciremos toda nuestra pasta, aunque tenga grumos o, aunque la corteza aun siga intacta dentro de la cuba de caña. Debemos hacerlo con cuidado, una vez todo esté listo, deberemos introducir el aguardiente dentro, e inmediatamente deberemos cerrarlo.

Así deberemos mantenerlo en un lugar con sombra, por dos meses y medio, para asegurarnos que la fermentación ha sido buena.

**Maceración:**

Cuando todo el tiempo haya pasado, deberemos sacar tan solo el líquido de nuestra sustancia que hemos creado de la cuba de caña.

Tenemos que ser absolutamente rápidos, con un filtro vaciaremos la cuba a un reciente con tapa sólida, no importa si salen grumos, o corteza de los árboles, porque después lo filtraremos totalmente.

Cuando lo hayamos vaciado a nuestro primer recipiente, será mucho más fácil vaciarlo a nuestro otro recipiente, el que tiene la boca pequeña. Agarraremos un cuadrado de algodón, y lo usaremos como filtro en nuestro segundo recipiente, procuremos que el algodón no se introduzca. También deberemos ir cambiando constantemente el algodón, pues este se saturará de grumos.

Cuando terminemos de vaciar todo el líquido, notaremos que no será tan abundante. Pero con eso será mucho más que suficiente, ahora tan solo debemos taparlo con el corcho para su maceración. Ya casi has terminado de aprender cómo hacer Pusanga.

El tiempo de maceración es de 3 meses como mínimo, de ahí lo podrán tener guardado cuanto tiempo quieran.

**Usos Mágicos:**

La forma de uso más conocida es mezclarla con el perfume que habitualmente utilizamos (esto se hacía para esconder el aroma de la pusanga y que nadie note que se la está utilizando), la proporción debe ser en iguales cantidades. Debes tener en cuenta que se dice que el efecto de la pusanga en la piel solo dura por 5 horas, por lo cual se suele aplicar antes de salir del hogar.

Para activar los poderes de la pusanga debes abrir tu círculo mágico, invocar a tu divinidad y solicitarle asistencia para activar la pusanga con el sentido que deseas. Luego de ese proceso realizas la mezcla con tu perfume y con un algodón pasas la mezcla suavemente por tu cuello, muñecas, pecho, zona del sexo.

La pusanga se utiliza para atraer el amor y la sexualidad. Es un potente preparado que te permite atraer hombres o mujeres según tu intención y pedido que solicites a tu divinidad a la hora de activarla. Pero debes tener en cuenta, que si bien algunos practicantes lo utilizan para atraer el amor de una persona en especial (activan la pusanga visualizando a esa persona que desean), esto es una mala práctica, ya que estas buscando manipular a una persona en especial, y como lo dice la ley de oro de la magia "todo lo que das te vuelve" por lo cual si tu manipulas dalo por seguro que serás manipulad@.

La mejor manera de utilizar este preparado es activarlo para atraer el amor, la sexualidad o la pasión, sin pensar en una persona en especial, sino que buscando experimentar el amor en la vida. Al hacerlo de esta manera no estas condicionando a nadie, sino que te abres al amor y dejas que el universo te sorprenda y manifieste el amor en tu vida, puede que esa persona que te gustaba se acerque, pero también puede que no sea esa persona y sea otra aún mejor para ti, confía en el universo y en la magia, no dejes que tu ego u obsesión diga lo que es mejor para ti, sino que sea tu inconsciente el que te acerque a la persona indicada.

La pusanga también es utilizada por algunos brujos en rituales de amarres de pareja, práctica que no se recomienda realizar o solicitar, ya que las consecuencias como mencionamos anteriormente suelen ser peores que lo que se busca conseguir.

Otra de las formas de uso es para abrir caminos en el amor, cuando la persona siente que no es capaz de abrir su corazón o que el miedo a salir herido, puede utilizarse como perfume para que vuelva a entrar el amor en su vida.

Las parejas pueden utilizar este preparado para despertar nuevamente el deseo sexual, se lo deben colocar ambos a manera de perfume o mezclarlo con un difusor de aromas y rociar la habitación de la pareja. Una excelente combinación en este sentido es utilizar lesión de rosas (la misma proporción de loción de rosas que de pusanga, recuerda que el efecto de la pusanga en el ambiente son 5 horas).

Antes de hablar de este preparado me gustaría dejar claro que en las redes sociales se habla mucho sobre un preparado de agua de Kananga (que se hace con naranja, mandarina, canela y pino) el cual no tiene nada que ver con el agua de Kananga, ya que el Kananga es una planta mejor conocida como Ylang Ylang. Por lo cual no debemos confundir la Loción de Kananga original que veremos a continuación y el otro preparado que se volvió muy popular en internet (el cual en realidad es conocido en santerías y tiendas esotéricas de Sudamérica como "abre oportunidades" el cual veremos luego).

Este es otro de los preparados que habitualmente se encuentran en las santerías o tiendas esotéricas, el agua de Kananga es un preparado para atraer el amor y la abundancia a tu vida, a la vez que ahuyenta la negatividad.

El agua de Kananga es muy popular entre la gente africana en los Estados Unidos y el Caribe. Es similar al Agua Florida, la que es conocida por sus efectos de limpieza y protección.

En Jamaica y el Caribe, el agua de Kananga se dio a conocer después de que las enormes plantaciones comerciales de Kananga se establecieron durante el siglo XIX por la colonia británica.

**Receta:**

- Preferentemente Agua de Montaña o sino agua de lago, laguna, cascada (utilizaremos 30% de la capacidad del recipiente)
- Alcohol etílico de 96vol. (utilizaremos 70% de la capacidad del recipiente).
- Hojas y/o flores de Kananga (Ylang Ylang).

**Aclaraciones del Preparado:**

El agua Kananga puede ser realizada utilizado hojas y/o flores de Kananga, pero de no conseguir (ya que no es muy común) puedes utilizar aceite esencial de Cananga Odorata, también conocida como Ylang Ylang.

El color anaranjado del agua viene de sus pétalos anaranjados y amarillentos de las flores.

Si utilizas hojas y flores debes cubrir el recipiente casi por completo. De no poder conseguirlas puedes utilizar esencial de Ylang Ylang, colocando 9 gotas cada 60 ml de alcohol.

El agua de montaña o deshielo resulta ideal para este preparado, ya que es una loción para rituales y procesos de sanación o purificación. El agua de las montañas está conectada con el elemento aire, con los ancestros y la sabiduría. También podemos usar agua de otros lugares sagrados como lo son las pacarinas. Recuerda que si no puedes acceder a estas aguas puedes utilizar agua mineral o de lluvia, en remplazo.


**Usos Mágicos:**

El agua de Kananga es utilizada por algunos practicantes chamánicos peruanos para la limpieza, curación, alimentación ritual y floración.

Esta agua espiritual se utiliza a menudo durante las ceremonias para la eliminación de energías pesadas. Algunos consideran que es mucho más fuerte que el Agua Florida.

Puedes colocarla en un aspersor para purificar tu espacio de trabajo mágico, incluso si realizas lecturas oraculares o terapias holísticas puedes rociar el ambiente cada bes que terminas una sesión para que se limpie energéticamente el lugar. También se utiliza luego de las sesiones para limpiar herramientas mágicas que se usaron en dicha consulta, como péndulos, cristales, oráculos.

Esta loción es ideal para baños de purificación, cuando necesitas purificar el aura, limpiarte de tu propia negatividad, soltar pensamientos o emociones limitantes. Para lo cual se debe colocar tres chorros en una tina o balde con agua. Recuerda siempre abrir tu círculo mágico y solicitar asistencia de tu divinidad o guías espirituales para el ritual de purificación.

Es utilizado en lugares de trabajo o negocios para armonizar el ambiente y generar alegría, esto ayuda a la fluidez en el trabajo y también aportara a la generación de mayor abundancia. Puedes rociar con esta intención en el ambiente mientras recitas oraciones de armonía y abundancia, recuerda hacerlo en el sentido de las agujas del reloj.

Puedes utilizarlo también en tu hogar para generar un ambiente armónico, para disminuir conflictos y discusiones. Para lo cual se suele colocar un chorro en un balde con agua y pasar con un trapo por todo el lugar desde la puerta de ingreso hacia el fondo, con la intención de que la armonía, la paz, la sanación, entren al hogar. Puedes pedir asistencia a tu divinidad o guías espirituales y mientras lo realizas puedes ir realizando oraciones de sanación y armonización a manera de mantra.

**Correspondencias de las plantas de este preparado:**

**Ylang Ylang (Cananga Odorata)**

**Género:** Femenino

**Planeta:** Venus

**Elemento:** Agua.

**Usos Mágicos:** El Ylang Ylang aunque no es una de las flores más comunes, es un ingrediente muy importante para diferentes hechizos y aceites.

Los poderes esotéricos del Ylang Ylang tienen mucho que ver con la paz, la relajación o cualquier tipo de sentimiento positivo.

Como lo dice su nombre, esta loción se utiliza para abrir oportunidades, sean de amor o de abundancia, es muy común de ver en santerías o tiendas esotéricas, con el nombre de "Abre oportunidades" o "Atrae dinero y amor"

Esto se debe a cítricos como la naranja y la mandarina que fomentan la felicidad y el bienestar en la persona, lo que potenciado con la canela hace que esa felicidad se traduzca en amor y abundancias, como también debido a la presencia del pino genera armonía, bienestar interno, y por ende protección.

La preparación suele ser muy sencilla por lo cual no se recomienda comprar, sino que hacerla nosotros mismos para cargar con nuestra intención en preparado y despertar una a una el espíritu de las plantas.

**Receta:**

- Agua de Río (utilizaremos 30% de la capacidad del recipiente)
- Alcohol etílico de 96vol. (utilizaremos 70% de la capacidad del recipiente).
- Cascaras de 3 Naranja
- Cascaras de 3 Mandarinas
- Una rama de Canela
- 9 gotas de Aceite esencial de Pino

**Aclaraciones del preparado:**

Recuerda que si no puedes conseguir agua de rio puedes remplazarla por agua de manantial.

Las cascaras de Naranja y Mandarina, puedes cortarla en trozos más pequeños para que libere mejor sus propiedades.

Si no consigues canela en rama puedes utilizarla en polvo (1 cucharada).

Puedes remplazar el aceite esencial de pino por hojas de este árbol (10 gr de hojas aprox).


**Usos Mágicos:**

Es utilizada para abrir oportunidades en el amor, la materialización de proyectos y la abundancia.

Es utilizada para fomentar el amor propio, generar un estado de bienestar y armonía. Para lo cual se coloca en un aspersor y se rocía el campo áurico mientras se visualiza como si fuera un manto sutil que con cada inhalación te llena de energía y amor.

Es también utilizado para acompañar meditaciones para aumentar el amor propio colocando esta loción en la piel, en la zona de la cien y detrás de las orejas.

Es también utilizada para acompañar baños florales de armonización, empoderamiento personal y amor. El baño florar suele prepararse con diferentes flores, pero también puede agregarse este preparado ya que actuara como un potenciador del baño, se deben de colocar 3 sorbos luego de que la preparación del baño ya esté terminada.

Se utiliza para generar oportunidades en el amor haciendo que las personas que te rodean se fijen en ti, despertando el amor y la atracción sexual. Para poder utilizarlo no debes pensar en atraer o agradarle a una persona en especial, sino que debe ser utilizado con la intención de que el amor se manifieste en tu vida, hacerlo de esta forma es hacerlo con libertad, sin condicionar a nadie.

Para utilizarlo, antes de asistir a un evento o salir del hogar debes abrir tu círculo mágico y pedir asistencia a tu divinidad para que a través de tu intención abra el camino del amor para ti. Luego en un pequeño recipiente colocas 9 gotas de esta loción junto con 9 gotas de tu colonia personal, las mezclas y con un algodón las iras pasado por tu piel, en las muñecas, cuello y zona del sexo.

Este preparado también puede ser utilizado para abrir oportunidades económicas, cuando se está buscando un nuevo empleo o comenzar un proyecto, este preparado es ideal. Para lo cual, antes de comenzar el día laborar debes pedir a tu deidad o guías asistencia para que las oportunidades se abran ante ti y que tengas los ojos para saber reconocerlas, luego debes rociar tu campo áurico con este preparado mientras visualizas esas oportunidades presentándose ante ti, algunos practicantes lo hacen delante de la puerta de salida del hogar y visualizan su futuro luminoso tras esa puerta y cuando están listos literalmente abren la puerta (como símbolo de tomar ese futuro) y salen a la vida al encuentro de dichas oportunidades.

**Correspondencias de las plantas de este preparado:**

**Canela (Cinnamomum verum):** La descripción de las correspondencias de esta planta ya la vimos en la loción de "agua de Ruda y Limón".

**Mandarina / Mandarino (Citrus reticulata):** La descripción de las correspondencias de esta planta ya la vimos en la loción de "Loción de armonización".

**Naranja (Citrus sinesis):** La descripción de las correspondencias de esta planta ya la vimos en la loción de "Loción de armonización".

**Pino (Pinus spp.)**

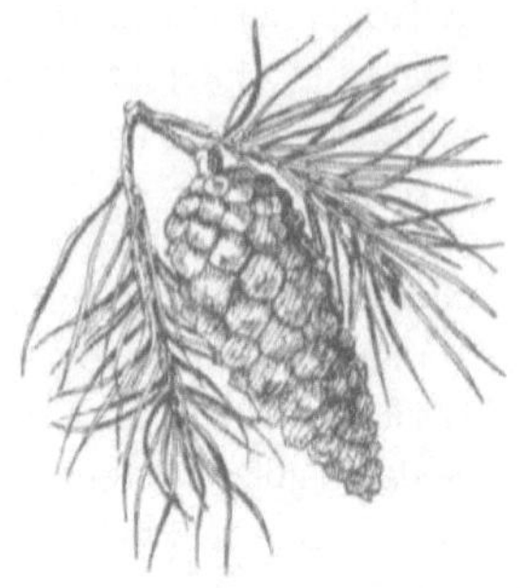

**Género:** Masculino.
**Planeta:** Marte.
**Elemento:** Aire.
**Usos mágicos:** Curación, fertilidad, protección, alejar malos espíritus y dinero.

La madera del pino ayuda a aliviar emociones negativas, sentimiento de culpas y los sentimientos de insatisfacción por no alcanzar logros determinados. El espíritu de este árbol a través del sahúmo, permite la renovación energética trayendo el poder de la resiliencia, retirando la negatividad y trasmitiendo frecuencias positivas, liberando el espíritu y aclarando la mente al plano de avance.

Esta es una de las lociones que se encuentran en toda santería o tienda esotérica y es utilizada para atraer el amor, para superar miedos, para empoderamiento o fortalecer la voluntad.

El *musk* o almizcle procede del árabe hispánico *almísk* y este del árabe clásico *misk*, de donde se origina la palabra que es igual a la que usamos hoy: *musk*

Explicar los orígenes de la palabra tiene lógica principalmente para identificarlo, puesto que en la actualidad puede encontrarse bajo los tres nombres.
El musk es una sustancia grasa y de olor intenso que algunos mamíferos segregan en glándulas situadas en el prepucio, en el perineo o cerca del ano. También la segregan ciertas aves en la glándula situada debajo de su cola. La definición es poco glamurosa y nada nos haría indicar que su aroma es la base de ciertos preparados cosméticos y de perfumería, pero así es.

Pero cuando de preparados esotéricos se trata utilizamos el almizcle vegetal, proveniente de plantas de la familia almizclera como la Olearia argophylla, cuyo nombre vulgar (árbol del almizcle) procede del intenso olor almizcleño de sus tallos. Solo en algunos recetarios de perfumes mágicos antiguos utilizan glándulas animales, pero debemos saber que actualmente no se utilizan (mágicamente tanto animal como vegetal tienen la misma potencia mágica) y además debido a la industria de la cosmética muchas especies animales están en el grado de riesgo por no darles el tiempo adecuado de reproducción y crecimiento de sus poblaciones.

Recuerda que sin importar la línea mágica todo practicante utiliza las fuerzas naturales a su favor por lo que protegerla y respetarla debe ser parte de su forma de relacionarse con ella.

**Receta:**

- Preferentemente Agua de Río (utilizaremos 30% de la capacidad del recipiente)
- Alcohol etílico de 96vol. (utilizaremos 70% de la capacidad del recipiente).
- 3 Cucharadas de Almizcle

**Aclaraciones del preparado:**

Se recomienda preparar en un recipiente de 100 ml, pero puedes preparar en un recipiente más grande respetando la proporción anteriormente mencionada. Ejm: frasco de 200 ml (140 ml de Alcohol, 60 ml de agua y 6 cucharadas o 30g de Almizcle).

Recuerda que si no puedes acceder a agua de Río puedes remplazarla con agua de lluvia o mineral.

El almizcle se utiliza en polvo (se consigue en santerías o tiendas esotéricas), cada cuchara es el equivalente aproximado de 5 g.

**Usos Mágicos:**

La loción de almizcle es ideal para personas que están sufriendo una culpa muy fuerte, miedos o inseguridad. Para lo cual, se lo utiliza como aspersor colocándolo alrededor de todo tu campo áurico acompañado de afirmaciones o decretos mágicos. También se suele incorporar a meditaciones diarias de empoderamiento y reconocimiento del poder personal, para potenciar dichas prácticas

Se utiliza también para atraer el amor, para generar el encuentro y atraer la atención de quienes rodean a la persona que la utiliza, puede ser utilizado para atraer hombres o mujeres. Para hacerlo, antes de salir a una cita, encuentro o salida, se debe abrir el círculo mágico y solicitar asistencia de tu divinidad (en este caso son ideales las deidades del amor como Afrodita o Venus) para que abra las oportunidades en el amor para ti en ese día o noche (no se recomienda utilizar pensando en una persona en especial sino en que se abran los caminos del amor para ti, para de esta forma no condicionar a nadie). Luego en un pequeño recipiente colocas 9 gotas de loción de Almizcle y 9 gotas del perfume que normalmente usas, lo mezclas y con un algodón debes pasarlo por la zona detrás de las orejas, cuello, muñecas y zona del sexo, mientras lo haces visualiza como se abren los caminos del amor para ti.

Como estimulante mental y físico. Se le asocian propiedades de regeneración de energías. En este sentido se debe colocar unas gotas en un algodón, pasarlo suavemente por la zona de la sien y luego realizar la meditación de centramiento o enraizamiento diario. Esto generara un estado de relajación y por medio del centramiento potenciara la armonización diaria de tu energía.

También puede ser utilizado con el fin de purificar el hogar y potenciar el amor en la pareja, muy elegido si se está pasando por conflictos de pareja o tención. Para lo cual se debe colocar en un aspersor y rociar en el hogar en todas las habitaciones de forma circular con la intención de que el amor florezca y se restaure. También puedes pedir asistencia a tu Divinidad o Guías espirituales para que te asistan en esta práctica.

Es esta última forma de uso es especialmente utilizada por parejas que han perdido el deseo sexual o que tienen problemas de atracción sexual, rociándolo con la intención de restaurar en la habitación y principalmente la cama de la pareja.

**Correspondencias de las plantas de este preparado:**

**Almizcle**

**Género:** Femenino

**Planeta:** Venus

**Elemento:** Agua

**Propósitos mágicos:** Amor, sexualidad, armonía, protección.

El olor del almizcle favorece a las energías asociadas al placer sexual, la sensualidad y el deseo, disminuyendo la inhibición en la pareja. El incienso con la presencia de almizcle es ideal para rituales, hechizos y prácticas mágicas asociadas a la energía del amor y la protección del amor en pareja.

Este tipo de preparados es para atraer clientes a un negocio, el cual no necesariamente debe ser un local, sino que aquello negocios que se realizan desde la propia casa u online también será igual de efectivo.

**Receta:**

- Preferentemente Agua de lluvia (utilizaremos 30% de la capacidad del recipiente)
- Alcohol etílico de 96vol. (utilizaremos 70% de la capacidad del recipiente).
- 3 cucharadas pequeñas de Albahaca
- 3 cucharadas pequeñas de Romero
- 3 granos de pimienta
- 3 clavos de olor
- 1 Rama de canela

**Aclaraciones del preparado:**

Recuerda que si no tienes agua de lluvia puedes utilizar agua mineral.

Si no tienes pimienta en grano puedes utilizar en polvo (colocando 3 piscas).

Si no tienes canela en rama puedes utilizar en polvo (aproximadamente 5 g).

**Usos Mágicos:**

Esta loción se utiliza para que lleguen más clientes a un negocio. Para lo cual se debe colocar 3 chorros de este preparado en un balde de agua, pedir asistencia a tu deidad o guías espirituales para que traigan clientes y abundancia, luego con un trapo debes pasarlo por los pisos del lugar desde la entrada hacia el fondo, mientras lo haces debes visualizar como la abundancia entra al lugar.

Si tu negocio está en tu propio hogar o es a través de las redes debes usarlo de la misma forma que mencionamos anteriormente y pasarlo por toda la casa, desde la entrada hacia el fondo.

Si tu trabajo es en movimiento sin un lugar fijo puedes colocar esté preparado en un aspersor y esparcirlo sobre los productos o sobre tu propio campo áurico si lo que vendes es un servicio.

**Correspondencias de las plantas de este preparado:**

**Canela (Cinnamomum verum):** La descripción de las correspondencias de esta planta ya la vimos en la loción de "agua de Ruda y Limón".

**Romero (Salvia rosmarinus):** La descripción de las correspondencias de esta planta ya la vimos en la loción de "loción de armonización".

**Clavo de olor (Syzygium aromaticum)**

**Género:** Masculino.

**Planeta:** Júpiter.

**Elemento:** Fuego.

**Usos mágicos:** Es principalmente utilizado en preparados para atraer la abundancia, la riqueza y prosperidad. También puede ser utilizado para trabajar en el amor propio, preparados de superación emocional y para atraer el amor. También es excelente para saquitos o preparados de protección y exorcismo.

**Pimienta**

**Género:** Masculino.

**Planeta:** Marte.

**Elemento:** Fuego.

**Usos Mágicos:** Es utilizada para el éxito, la abundancia, el logro de objetivos, la expansión de proyectos. También es ideal para preparados de amor, para sexualidad y despertar la pación en parejas.

Además, es ideal para fortaleza persona, incrementar la autoestima, la confianza, seguridad y como protección.


**Albahaca (Ocimum basilicum)**

**Género:** Masculino.

**Planeta:** Marte.

**Elemento:** Fuego.

**Usos Mágicos:** Es una de las hierbas más elegidas para atraer la abundancia, el éxito y la prosperidad. Ideal también para preparados de Amor, el poderoso aroma la hace ideal para potenciar preparados de exorcismo o protección.

Esta es una de las lociones más conocidas y que puedes encontrar en las tiendas esotéricas o santeras. Es excelente para atraer el amor, belleza, la abundancia, mejora la auto-estima y la autoconfianza.

**Receta:**

- Agua de río (utilizaremos 30% de la capacidad del recipiente).
- Alcohol etílico de 96vol. (utilizaremos 70% de la capacidad del recipiente).
- Flores de Jazmín

**Aclaraciones del preparado:**

Para este preparado puedes utilizar flores húmedas o secas, la cantidad a utilizar debe ser ¾ partes del recipiente.

Recuerda que si no tienes agua de río puedes remplazarla con agua de lluvia o mineral.

Los días ideales para realizar este preparado son viernes (día de Venus, ideal para la belleza y el amor) o lunes (día de la Luna, ideal para el trabajo emocional, autoestima, amor propio, etc).

**Usos Mágicos:**

Es utilizada para acompañar otros preparados de abundancia para potenciar los resultados.

Es utilizada en baños de florecimiento para revitalizar, renovar y expandir la energía y armonía de quien la utiliza.

Es una de las lociones más utilizadas para atraer el amor, realzar la belleza personal y despertar la sexualidad. La forma de uso más conocida es mezclarla con el perfume que habitualmente utilizamos, la proporción debe ser en iguales cantidades. Se suele aplicar antes de salir del hogar.

Para activar los poderes del jazmín debes abrir tu círculo mágico, invocar a tu divinidad y solicitarle asistencia para activar el jazmín con el sentido que deseas. Luego de ese proceso realizas la mezcla con tu perfume y con un algodón pasas la mezcla suavemente por tu cuello, muñecas, pecho, zona del sexo.

Se utiliza en el hogar de los recién casados para que el amor fluya en el ambiente, también es recomendado para parejas que estén pasando momentos difíciles de la relación para salir de círculos conflictivos o de discusiones, mejorando el ambiente y restaurando el amor. En esos casos se lo coloca en un aspersor y se lo esparce por el ambiente una vez a la semana al menos (puedes utilizarlo en el momento que lo necesites, pero recuerda que esto ayudará a armonizar las situaciones, pero no las resolverá, ya que eso es parte de la relación como pareja debe estar el compromiso y la intención de querer curar la relación).

Es excelente para momentos donde se está trabajando el amor propio o reconociendo la belleza personal. En este sentido suele usarse en rituales utilizando su aroma en el entorno para generar un entorno ritual favorable, predisponernos energéticamente y fomentar el amor en el espacio.

Es utilizado también cuando se está buscando superar una relación pasada o dejar atrás el pasado de un tiempo difusión, el espíritu del Jazmín ayuda en el proceso de alejarse de patrones tóxicos y fomentar el bienestar con amor. En estos casos se la suele colocar en un aspersor y utilizar de forma diaria antes de comenzar el día o antes de salir del hogar, puede ser utilizado también acompañando una meditación matutina de bienestar las cuales son muy comunes en esta clase de procesos.

**Correspondencias de las plantas de este preparado:**

**Jazmín (Jasminum officinale o J. odoratissimum)**

**Género:** Femenino.

**Planeta:** Luna.

**Elemento:** Agua.

**Propósitos mágicos:** Amor, dinero, sueños proféticos.

Las flores del jazmín pueden atraer el amor espiritual lo contrario del amor físico puesto que esta flor atrae solo que es armonioso y a fin energéticamente a cada persona. El sahumerio de esta flor puede provocar sueños proféticos e inducir al sueño.

Esta es una de las plantas más utilizadas en la magia, ideal para atraer el amor, belleza, purificación, armonía y paz, sanación, sueños, vitalidad, protección, además de disminuir la ansiedad y ser anti-stress, entre muchas cualidades más.

**Receta:**

- Agua de lluvia o de manantial (utilizaremos 30% de la capacidad del recipiente)
- Alcohol etílico de 96vol. (utilizaremos 70% de la capacidad del recipiente).
- Flores de lavanda.
- 3 Gotas de Rocío de Lavanda

**Aclaraciones del preparado:**

En esta receta es importante tratar de conseguir agua de roció de lavanda porque potenciara aún más tu preparado, por lo general los practicantes suelen recolectarlo de parques o campos. Claro que se consiguen pocas cantidades, pero con unas gotas es suficiente para que potencien el preparado.

De conseguir pocas flores puedes agregar hojas también para completar el preparado.

Tanto las flores como hojas pueden usarse secas o frescas.

En caso de no disponer de flores de lavanda, también puedes utilizar el aceite esencial en una proporción de 9 gotas cada 100 ml.

**Usos Mágicos:**

Es utilizada para atraer el amor y aumentar la belleza, utilizándola mezclada con el perfume que se utiliza habitualmente. También puede ser utilizada para potenciar otros preparados de amor como hechizos de pedidos a divinidades, incorporar 9 gotas a los saquitos de amor para aumentar su poder, etc.

Es utilizada en baños de florecimiento para revitalizar, renovar y expandir la energía y armonía de quien la utiliza.

Es ideal para trabajar en el plano de los sueños, a menudo se coloca en un difusor y se rocía la cama (principalmente la almohada) para tener sueños lucidos o sueños premonitorios. Como también terapéuticamente ayudara al buen descanso y conciliar el sueño.

Es a menudo incorporada en preparados y rituales de videncia, como también para aumentar la capacidad intuitiva en las lecturas oraculares.

También se rocía la cama de los enfermos para ayudar a la sanación. Además, es ideal para purificar ambientes, limpiando, llevando paz y armonía a toda la casa. Se suele colocar 3 chorros de loción en un balde con agua y se pasa con un trapeador por todo el lugar, desde el fondo hacia afuera (con la intención de sacar las malas energías, la negatividad y la enfermedad). Puedes previamente pedir asistencia a tu divinidad o tus guías espirituales para realizar este proceso, y durante el mismo realizar oraciones para potenciar el acto mágico.

**Correspondencias de las plantas de este preparado:**

**Lavanda (Lavandula)**

**Género:** Femenino
**Planeta:** Venus
**Elemento:** Agua
**Propósitos mágicos:** Sueños lucidos, paz, espiritualidad, psiquismo e intuición.

La flor de lavanda es conocida por sus utilizaciones en los propósitos espirituales, puede producir una conexión espiritual más fuerte, un despertar de la intuición a través de su humo sagrado que al tener contacto con las vías respiratorias y así mismo con el sistema nervioso central, permite una apertura del plano intuitivo iluminado por la sabiduría de lo divino.

Favorece a los estados meditativos, brinda sensaciones de paz, tranquilidad y puede transmitir estas sensaciones igualmente al espacio físico.

Este preparado es muy conocido y utilizado para limpiar espacios, suele acompañar las limpiezas energéticas de hogares y personas.

**Receta:**

- Preferentemente Agua mineral (utilizaremos 30% de la capacidad del recipiente)
- Alcohol etílico de 96vol. (utilizaremos 70% de la capacidad del recipiente).
- 1 cucharada de Romero
- La cascara de 1 limón.
- 9 granos de pimienta.
- 1 Rama de canela.
- 1 cucharada de Ruda.
- 1 cucharadita de sándalo en polvo.
- 1 cucharadita de incienso en polvo

**Aclaraciones del preparado:**

La proporción de las cucharaditas son 2 g aproximadamente. Puedes utilizar aceite esencial en remplazo de la hierba en polvo, colocando 9 gotas.

De no tener incienso o sándalo, puedes remplazarlo por patchuli.

**Usos Mágicos:**

Este preparado es ideal para acompañar limpiezas de espacios de diferentes maneras. Recuerda que siempre previamente debes realizar el enraizamiento y abrir tu círculo mágico, solicitar asistencia a tus divinidades o guías espirituales para realizar esta clase de prácticas. Y siempre es recomendable acompañar el proceso con oraciones de expulsión y limpieza.

Se suele colocar tres chorros en un balde de agua y pasar por todo el lugar desde el fondo hasta la puerta de ingreso.

También se suelen embeber velas de limpieza con esta loción. Para lo cual se coloca unas gotas en los dedos índice y anular, se toma una vela y se pasa esta loción desde la base hacia el pabilo (siempre con la intención de sacar y expulsar las energías).

Puede colocarse en un aspersor y utilizarlo de forma diaria al volver a tu hogar luego de un día largo. Bebes rociar sobre tu campo áurico y en la planta de los pies.

También se lo utiliza en forma de baño, colocando tres chorros de este preparado en un balde con agua y luego vertiéndolo desde la coronilla hacia los pies mientras visualizas como toda la negatividad es arrastrada por el agua. Esto se suele realizar siempre de forma previa a los baños de florecimiento.

Este preparado se lo coloca en un rociador y utilizar como remplazo de un sahúmo cuando no disponemos de él o no tenemos todas las hierbas necesarias.

Es utilizado también para limpiar herramientas mágicas que fueron utilizadas para trabajar con pacientes o consultantes en centros holísticos o consultorios esotéricos.

**Correspondencias de las plantas de este preparado:**

**Canela (Cinnamomum verum):** La descripción de las correspondencias de esta planta ya la vimos en la loción de "agua de Ruda y Limón".

**Romero (Salvia rosmarinus):** La descripción de las correspondencias de esta planta ya la vimos en la loción de "loción de armonización".

**Ruda (Ruta) y Limón (Citrus limón):** La descripción de las correspondencias de estas plantas ya la vimos en la loción de "loción de Ruda y Limón".

**Pimienta:** La descripción de las correspondencias de esta planta ya la vimos en la loción de "loción atrae clientes".


**Sándalo (Santalum álbum)**

**Género:** Femenino.

**Planeta:** Luna.

**Elemento:** Agua.

**Propósitos mágicos:** Protección, deseos, curación, exorcismo y espiritualidad.

El posee vibraciones espirituales, que permite la apertura del psiquismo, la intuición. Ideal para rituales lunares, en espacial en la fase de la luna llena. Su energía protectora puede limpiar los lugares de las energías negativas y a nivel espiritual produce un estado de reflexión que fomenta el auto conocimiento espiritual.

**Incienso (Plectranthus)**

**Género:** Masculino

**Planeta:** Sol

**Elemento:** Fuego

**Propósitos mágicos:** Espiritualidad, limpieza, purificación, protección y exorcismo

El incienso al tener contacto con el elemento fuego, libera a través del humo poderosas vibraciones que, inducen a la inspiración y la liberación de sentimientos y estado de ánimos negativos. El incienso ha sido utilizado desde la antigüedad para realizar exorcismos, limpieza de espacios físicos. Provocando la protección y purificación. Es ideal para la consagración de espacios, altares y objetos.

Este preparado es muy común de ver en tiendas esotéricas y santerías, pero se recomienda prepararlo uno mismo en vez de comprarlo hecho, ya que muchas veces no sabemos bien que plantas utilizaron, lo cual a la hora de realizar la consagración del preparado no podremos conectar con el poder de dichas plantas.

El nombre de este preparado proviene del poder mágico que poseen las 7 plantas que se utilizan, las cuales son utilizadas para diferentes usos mágicos y todas son potenciadoras desde diferentes áreas, lo cual hace que esté preparado tenga diferentes usos y sea muy versátil.

**Receta:**

- Preferentemente Agua mineral (utilizaremos 30% de la capacidad del recipiente)
- Alcohol etílico de 96vol. (utilizaremos 70% de la capacidad del recipiente).
- 1 cucharada de Romero
- 1 cucharada de Ruda.
- 1 puñado de pétalos de rosas.
- 1 cucharadita de sándalo en polvo.
- 1 cucharadita de incienso en polvo
- 1 cucharada de Lavanda.
- 1 cucharadita de Benjuí en polvo.

**Aclaraciones del preparado:**

La proporción de las cucharaditas son 2 g aproximadamente. Puedes utilizar aceite esencial en remplazo de la hierba en polvo, colocando 9 gotas.

En algunas recetas puede variar las hierbas de igual correspondencias como, por ejemplo:

En lugar de Rosas: Jazmín o Almizcle en polvo.

En lugar de Lavanda: Salvia.

En lugar de Incienso: Pachuli.

En lugar de sándalo: Sangre de dragón.

En lugar de Benjuí: Albahaca.


**Usos Mágicos:**

Este preparado dada la variedad de plantas que posee puede utilizarse en todo tipo de preparaciones mágicas como potenciador de la voluntad mágica y la intención.

Se lo coloca en un aspersor y se lo utiliza para aumentar las experiencias mágicas en rituales, meditaciones, prácticas oraculares, videncia o canalizaciones.

Es también muy utilizado como baño de limpieza y purificación, colocando tres chorros en un fuete con agua y vertiéndolo desde la coronilla hacia los pies.

Otra de las formas de uso es para limpiar y purificar ambientes, colocando tres chorros en un balde con agua y se pasa desde el fondo del lugar hacia la puerta de entrado con la intención de sacar y expulsar.

También es utilizado como potenciador de hechizos de amor y fundamentalmente perfumes de amor. Se suelen colocar 7 gotas (una por cada planta) en el preparado de amor para aumentar sus efectos.

Como se puede ver tiene diferentes formas de uso ya que las hierbas que contienen son utilizadas para amor, sanación, limpieza, purificación, poder personal, videncia, espiritualidad, exorcismo, abundancia, intuición, potencia.

**Correspondencias de las plantas de este preparado:**

**Romero (Salvia rosmarinus):** La descripción de las correspondencias de esta planta ya la vimos en la loción de "loción de armonización".

**Ruda (Ruta):** La descripción de las correspondencias de esta planta ya la vimos en la loción de "loción de Ruda y Limón".

**Lavanda (Lavandula):** La descripción de las correspondencias de esta planta ya la vimos en la loción de "loción de lavanda".

**Sándalo (Santalum álbum) y Incienso (Plectranthus):** La descripción de las correspondencias de esta planta ya la vimos en la loción de "loción de limpieza".

**Rosa (Rosa spp.):** La descripción de las correspondencias de esta planta ya la vimos en la loción de "loción de Rosas".

**Benjuí (Styrax benzoin)**

**Género:** Masculino.

**Planeta:** Sol.

**Elemento:** Aire.

**Propósitos mágicos**: Purificación, prosperidad.

El incienso de Benjuí puede proporcionar un estado de purificación en el entorno puesto que tiene el poder de elevar las vibraciones eliminando así toda energía de baja frecuencia que este interviniendo en la armonía del lugar, atrayendo igualmente la prosperidad y la abundancia deseada. Así mismo el benjuí puede provocar estado de tranquilidad emocional en las personas que tienen contacto con su aroma.

La violeta es una poderosa aliada de todo practicante de la magia, su loción es utilizada para el amor, belleza, seducción, bienestar, la paz y protección

**Receta:**

- Agua de río (utilizaremos 30% de la capacidad del recipiente).
- Alcohol etílico de 96vol. (utilizaremos 70% de la capacidad del recipiente).
- Flores de Violeta

**Aclaraciones del preparado:**

Para este preparado puedes utilizar flores húmedas o secas, la cantidad a utilizar debe ser ¾ partes del recipiente.

Recuerda que si no tienes agua de río puedes remplazarla con agua de lluvia o mineral.

**Usos Mágicos:**

Es ideal para la relajación, te aportará serenidad mental y tranquilidad espiritual. Se la coloca en un aspersor y se rocía el ambiente antes de una meditación o práctica mágica.

También es utilizada para purificar los ambientes, colocando tres chorros en un balde con agua se debe pasar por el piso del lugar desde la entrada hacia el fondo, con la intención de atraer la armonía, paz y purificación amorosa a todo el lugar.

Aleja la mala suerte y las malas vibras. La violeta es relajante, se puede utilizar para la ansiedad, agotamiento nervioso, fatiga mental, insomnio y tensión nerviosa. Antiguamente creían que su aroma reconfortaba el corazón.

Se la suele mezclar con el perfume que habitualmente utilizas para potenciar las cualidades atractivas de una persona y aumentar el poder de seducción.

Es utilizada para atraer o potenciar el amor en relaciones. Ideal para potenciar rituales, embeber velas de pedidos y potenciar hechizos.

Es especialmente elegida para aumentar el deseo sexual de la pareja, para lo cual se la coloca en un aspersor y se rocían las sabanas y almohadas.

**Correspondencias de las plantas de este preparado:**

**Violeta (Viola odorata)**

**Género:** Femenino.
**Planeta:** Venus.
**Elemento:** Agua.
**Deidad:** Venus.
**Propósitos mágicos:** Protección, Suerte, amor, deseo sexual, deseos, paz y curación.

El sahumerio de Violeta ofrece protección contra la negativa o energías de baja vibración, su aroma es un potente estimulante amoroso y también afrodisiaco. También puede calmar el mal humor, como inducir el sueño.

Este es otro preparado que encontraras en toda santería o tienda esotérica. Es utilizada para el amor, la abundancia, pero fundamentalmente para la espiritualidad, fomentar el desarrollo de las habilidades mágicas, sanación interna y armonización.

## Receta:

- Preferentemente Agua de lago o laguna (utilizaremos 30% de la capacidad del recipiente)
- Alcohol etílico de 96vol. (utilizaremos 70% de la capacidad del recipiente).
- 3 Cucharadas de Sándalo en polvo

## Aclaraciones del preparado:

Se recomienda preparar en un recipiente de 100 ml, pero puedes preparar en un recipiente más grande respetando la proporción anteriormente mencionada. Ejm: frasco de 200 ml (140 ml de Alcohol, 60 ml de agua y 6 cucharadas o 30g de Sándalo).

Recuerda que, si no puedes acceder a agua de lago o laguna, puedes remplazarla con agua de lluvia o mineral.

El Sándalo se utiliza en polvo (se consigue en santerías o tiendas esotéricas), cada cuchara es el equivalente aproximado de 5 g.

## Usos Mágicos:

Se lo coloca en difusores para la relajación, te aportará serenidad mental y tranquilidad espiritual. Es ideal para espacios terapéuticos, holísticos o esotéricos.

También es utilizado para limpiezas energéticas y de amuletos o herramientas mágicas.

Es utilizado de forma previa a los rituales para generar un ambiente mágico de concentración y fomentar la predisposición a la práctica.

Se utiliza para embeber velas de pedidos de amor, abundancia, espiritualidad o armonización.

Es utilizado como complemento potenciador de baños de purificación y armonización.

También es común que se utilice en negocios para atraer clientes a través del poder de su aroma.

La automatización con sándalo tiene propiedades calmantes, pero lejos de generar somnolencia, la sensación es de paz interior, tranquilidad y confianza. Estos efectos son los que convierten al sándalo en un aroma ideal para combatir la ansiedad, el estrés y la negatividad.

Esta loción suele utilizase a menudo a manera de ofrenda aromática en altares dedicadas a Divinidades específicas como Oshun.

También es muy utilizado para acompañar preparados de amor o mezclado con el propio perfume con la intención potenciar la belleza y generar atracción.


**Correspondencias de las plantas de este preparado:**

**Sándalo (Santalum álbum)**

**Género:** Femenino.

**Planeta:** Luna.

**Elemento:** Agua.

**Propósitos mágicos:** Protección, deseos, curación, exorcismo y espiritualidad.

El posee vibraciones espirituales, que permite la apertura del psiquismo, la intuición. Ideal para rituales lunares, en espacial en la fase de la luna llena. Su energía protectora puede limpiar los lugares de las energías negativas y a nivel espiritual produce un estado de reflexión que fomenta el auto conocimiento espiritual.

El Pachuli en loción es muy utilizada para generar abundancia, atraer la fertilidad y la sexualidad. Es muy común encontrar en santerías o tiendas esotéricas esta loción, ya que es difícil de conseguir en polvo y el aceite esencial es muy costoso, por lo cual muchos practicantes eligen crear su loción.

**Receta:**

- Preferentemente Agua de lluvia (utilizaremos 30% de la capacidad del recipiente)
- Alcohol etílico de 96vol. (utilizaremos 70% de la capacidad del recipiente).
- 3 Cucharadas de Pachuli

**Aclaraciones del preparado:**

Se recomienda preparar en un recipiente de 100 ml, pero puedes preparar en un recipiente más grande respetando la proporción anteriormente mencionada. Ejm: frasco de 200 ml (140 ml de Alcohol, 60 ml de agua y 6 cucharadas o 30g de Pachulí).

Recuerda que, si no puedes acceder a agua de lago o laguna, puedes remplazarla con agua de lluvia o mineral.

El Pachuli es difícil de conseguir en polvo o hierba, por lo que se suele utilizar en aceite esencial remplazando 9 gotas por cada cucharada.

**Usos Mágicos:**

Es especialmente utilizado en todo tipo de preparados de abundancia. Su loción es ideal para atraer clientes a los negocios, para lo cual se colocan tres chorros de loción en un balde con agua y se pasa por todo el piso comenzando por la entrada y finalizando en el fondo o sótano del negocio. También se lo usa de la misma forma pen hogares para que la abundancia entre al hogar (es ideal para las personas que son independientes o trabajan desde su hogar).

Colocado en un aspersor, puede ser utilizado para rociar objetos que deseamos vender, como un carro o una casa.

También se lo utiliza en forma de aspersor para atraer la fertilidad, rociando las sabanas y almohadas de la pareja.

**Correspondencias de las plantas de este preparado:**

**Pachulí (Pogostemon cablin)**

**Género:** Femenino.

**Planeta:** Saturno.

**Elemento:** Tierra.

**Propósitos mágicos:** Dinero, fertilidad, deseo sexual

El incienso de pachulí por su aroma está asociado a la tierra, es ideal para acompañar nuestras prácticas mágicas, rituales o hechizos asociados al dinero, prosperidad. Puedes acompañarlo con velas verdes. El pachulí puede combinarse con otros aceites esenciales enfocados a despertar el deseo sexual.

Esta es otra de las lociones que se suelen encontrar en toda santería o tienda esotérica, ya que es excelente para armonización de energía, purificación de espacios, para el amor y disipar el mal de ojo.

**Receta:**

- Agua de lluvia o de rio (utilizaremos 30% de la capacidad del recipiente)
- Alcohol etílico de 96vol.  (utilizaremos 70% de la capacidad del recipiente).
- Flores de Azahar (pueden ser frescos o secos

**Aclaraciones del preparado:**

En caso de no disponer de flores de azahar algunos practicantes suelen utilizar el aceite esencial de azahar en una proporción de 9 gotas cada 100 ml.

Puedes agregar 3 gotas de rocío de un árbol de naranjo para potenciar este preparado.

De no disponer de agua de lluvia o de río puedes remplazarla por agua mineral.

**Usos Mágicos:**

La flor de azahar tiene tantas propiedades y usos que se considera una de las flores mágicas más potentes, utilizadas en los rituales de armonización y sanación espiritual. Para lo cual se suele utilizar en forma de aspersor y esparcir por todo el ambiente para fomentar la concentración, el estado de bienestar durante el ritual y potenciar el acto mágico.

La flor de azahar puedes utilizarla en rituales para mejorar la salud, calmar dolores o, en general, proteger la salud tuya o de tus seres queridos. Por sus propiedades hipnóticas y sedantes, es un excelente equilibrador de energía, por lo que puedes utilizarlo en rituales en los que busques la armonía de un hogar, la calma tras una discusión o la paz interior.

Se trata de una flor muy utilizada en magia por sus múltiples efectos positivos. Todo ello la convierte en una flor perfecta para cualquier ritual de amor y amistad. Siempre mejorará y hará más eficaz el conjuro.

La flor de azahar es una protectora de la unión familiar y de pareja. Además, es ideal para expulsar la envidia y el mal de ojo de un lugar. Para lo cual se debe colocar tres chorros de esta loción en un balde con agua y pasar por todo el hogar desde el fondo hacia la puerta de entrada.

Es ideal para realizar baños de florecimiento y renovación energética, ya que fomenta el amor propio, el empoderamiento personal, la renovación y purificación.

**Correspondencias de las plantas de este preparado:**

**Azahar**

**Género:** Femenino.

**Planeta:** Luna
**Elemento:** Agua.
**Propiedades mágicas:** Amor, amistad, familia, protección y salud.

Las flores de azahar pueden producir estados de tranquilidad y paz dentro de un hogar, armonizando a las personas que la conforman. Produce protección y aleja a las personas indeseadas. Ayuda a reforzar energéticamente la salud potenciando el proceso de recuperación. Su aroma favorece al amor en pareja.

Esta es una de las lociones más famosas y efectivas para contrarrestar la envidia, protegiendo contra el mal de ojo.

**Receta:**

- Agua de Mar (utilizaremos 30% de la capacidad del recipiente).
- Alcohol etílico de 96vol. (utilizaremos 70% de la capacidad del recipiente).
- 1 diente de ajo.
- 3 granos de pimienta.
- 1 rama de canela.
- 1 cucharada de romero.
- 1 cucharada de runda.
- 1 cucharada de lavanda.
- La cascara de 1 limón.

**Aclaraciones del preparado:**

La cucharada de Romero, Ruda o Lavanda, es el equivalente a 1,5 g.

La pimenta puede ser de cualquier tipo, aunque de preferencia negra es mejor. Puedes remplazar por pimienta en polvo, utilizando 1 g en total.

La rama de canela puede ser remplazada por polvo de canela (10 g).

**Usos Mágicos:**

Esta loción es exclusivamente utilizada como protección contra la envidia y el mal de ojo. Antes de salir del hogar se pide asistencia a la divinidad y se realizan oraciones de protección mientras se rocía esta loción sobre el campo áurico.

Es utilizado para acompañar baños de limpieza para extirpar energías negativas o parasitas externar.

Puede ser utilizado en negocios o lugares para sacar la envidia, para lo cual se colocan tres chorros en un balde de agua y se pasa desde el fondo del lugar hacia la puerta de ingreso con la intención de sacar, expulsar y limpiar.

Se suele poner 3 gotas en la tela que cubre a los bebes para que el mal de ojo y la envida no pueda afectarlos.

Además de la limpieza personal se suele lavar las alianzas de la pareja para proteger el amor de la relación contra la envidia.

**Correspondencias de las plantas de este preparado:**

**Romero (Salvia rosmarinus):** La descripción de las correspondencias de esta planta ya la vimos en la loción de "loción de armonización".

**Ruda (Ruta):** La descripción de las correspondencias de esta planta ya la vimos en la loción de "loción de Ruda y Limón".

**Limón:** La descripción de las correspondencias de esta planta ya la vimos en la loción de "loción de Ruda y Limón".

**Canela (Cinnamomum verum):** La descripción de las correspondencias de esta planta ya la vimos en la loción de "agua de Ruda y Limón".

**Lavanda (Lavandula):** La descripción de las correspondencias de esta planta ya la vimos en la loción de "loción de lavanda".

**Pimienta:** La descripción de las correspondencias de esta planta ya la vimos en la loción de "loción atrae clientes".

Este es una de las lociones más famosas, es utilizada para generar nuevas oportunidades, hacer que aparezcan las soluciones a situaciones estancadas, generar nuevos negocios, etc.

**Receta:**

- Agua de lluvia (utilizaremos 30% de la capacidad del recipiente).
- Alcohol etílico de 96vol. (utilizaremos 70% de la capacidad del recipiente).
- .3 cucharadas de hierba abre caminos.
- 3 granos de pimienta.
- 1 rama de canela.
- 1 cucharada de romero.
- 1 cucharada de hojas de hiedra.
- 1 cucharada de granos de girasol.
- La cascara de 1 naranja.

**Aclaraciones del preparado:**

La cucharada de Romero y Abre caminos, es el equivalente a 1,5 g.

La pimenta puede ser de cualquier tipo, aunque de preferencia negra es mejor. Puedes remplazar por pimienta en polvo, utilizando 1 g en total.

La rama de canela puede ser remplazada por polvo de canela (10 g).

Puedes remplazar cualquiera de estas hierbas por aceite esencial, utilizando una proporción de 5 gotas de esencia por cada cucharada de hierba.

**Usos Mágicos:**

Es utilizado de forma personal como perfume para generar nuevas oportunidades de negocios, personales o laborales.

También es especialmente usada en el Ritual abre caminos, para rociar la hoja donde se escribe la situación que está sucediendo y que se desea abrir.

También se utiliza en negocios para cambiar las malas rachas de ventas. Para lo cual se colocan tres chorros en un balde con agua y se lava el piso desde la puerta de ingreso hasta el fondo del lugar.

Además, puedes rociarlo en aspersor sobre objetos que deseas vender como un auto.

Puede ser utilizado para conocer nuevas personas afines a tu visión de vida, para lo cual se debe mezclar con un poco de tu perfume antes de salir del hogar concentrando tu intención en conocer personas especiales y afines a tu energía.

**Correspondencias de las plantas de este preparado:**

**Romero (Salvia rosmarinus):** La descripción de las correspondencias de esta planta ya la vimos en la loción de "loción de armonización".

**Canela (Cinnamomum verum):** La descripción de las correspondencias de esta planta ya la vimos en la loción de "agua de Ruda y Limón".

**Pimienta:** La descripción de las correspondencias de esta planta ya la vimos en la loción de "loción atrae clientes".

**Naranja (Citrus sinesis):** La descripción de las correspondencias de esta planta ya la vimos en la loción de "Loción de armonización".

**Girasol (Heliantbus annuus)**

**Género:** Masculino.

**Planeta:** Sol.

**Elemento:** Fuego.

**Propósitos mágicos:** Fertilidad, deseos, salud, sabiduría, éxito y abundancia.

Las flores del girasol trasmiten la energía dorada del sol trayendo consigo el éxito y la abundancia a la vida de quien tiene contacto con ella. Termite el florecimiento de proyectos, al igual que el fortalecimiento del espíritu a través de la fuerza y la voluntad que esta flor puede brindar a quien se acerca a ella con amor.

**Abre Caminos**

**Género:** femenino.

**Planeta:** Jupiter.

**Elemento:** Tierra.

**Propósitos mágicos:** Fertilidad, abundancia, legales, abrir caminos y oportunidades.


**Hiedra**

**Género:** femenino.

**Planeta:** Saturno.

**Elemento:** Agua.

**Propósitos mágicos:** éxito, buena fortuna, protección, crecimiento, expansión, adivinación.

Esta es una loción especialmente usada por practicantes de la magia para potenciar dones como la videncia y la intuición, como también para fomentar sueños lucidos y potenciar prácticas espirituales.

**Receta:**

- Agua de lago o laguna (utilizaremos 30% de la capacidad del recipiente).
- Alcohol etílico de 96vol. (utilizaremos 70% de la capacidad del recipiente).
- 1 cucharada de salvia
- 1 cucharada de lavanda.
- 1 cucharada de menta.
- 1 trozo de corteza de sauce.
- Pieza de plata.

**Aclaraciones del preparado:**

Puedes remplazar el agua de lago o laguna por agua de lluvia o mineral.

La cucharada de Salvia, Lavanda y Menta, es el equivalente a 1,5 g.

Puedes remplazar cualquiera de estas hierbas por aceite esencial, utilizando una proporción de 5 gotas de esencia por cada cucharada de hierba.

**Usos Mágicos:**

Es ideal para sesiones oraculares, ya que genera un ambiente calmo y potencia los dones oraculares del practicante. Se suele colocar en un aspersor y rociar antes de cada sesión.

También, es excelente para potenciar prácticas mágicas en general, meditaciones y para fomentar el viaje en espíritu. Se lo rocía en el ambiente antes de comenzar la práctica.

Suele rociarse la almohada para tener sueños lucidos y recordar dichos sueños.

**Correspondencias de las plantas de este preparado:**

**Romero (Salvia rosmarinus):** La descripción de las correspondencias de esta planta ya la vimos en la loción de "loción de armonización".

**Lavanda (Lavandula):** La descripción de las correspondencias de esta planta ya la vimos en la loción de "loción de lavanda".

**Salvia (Salvia)**

**Género:** Masculino.

**Planeta:** Júpiter.

**Elemento:** Aire.

**Poderes:** longevidad, sabiduría, protección, purificación.

El aroma de la salvia favorece el despertar de la sabiduría, purificar el campo energético, los espacios físicos y producir protección contra las energías de baja vibración o malas energías. Puede ser mezclada tanto las hojas como las flores para crear inciensos para rituales o hechizos enfocados en duración de objetos, emociones y situaciones.

## Menta (Mentha)

**Género:** Masculino.

**Planeta:** Mercurio.

**Elemento:** Fuego.

**Deidad:** Plutón.

**Propósitos mágicos:** Purificación, sueño, psiquismo, curación y dinero

Se agregan las hojas de menta para atraer la energía de la curación y de purificación. Su aroma permite la elevación de las vibraciones facilitando la apertura del psiquismo en las prácticas mágicas y oraculares asociadas a este propósito.

## Sauce (Salix alba)

**Género:** Femenino.

**Planeta:** Luna.

**Elemento:** Agua.

**Deidades:** Artemis, Ceres, Hécate, Perséfone, Hera, Mercurio.

**Propósitos mágicos:** Amor, adivinación amorosa, protección y curación.

La madera del sauce convertida en sahúmo al tener contacto con nuestro cuerpo emocional a través de su aroma nos pone en contacto con nuestros sentimientos y emociones profundas.  También potencia el poder de la intuición y la videncia a través de los sueños

A diferencia de las lociones, el agua florida tiene unas pequeñas variaciones en los pasos de la preparación, como también en el uso del agua, ya que se utiliza agua destilada.

Existen muchísimas recetas para la preparación del agua florida, por esa versatilidad que da esté preparado para usarse ingredientes diferentes. Pero es importante aprender la base de su preparación que es: una parte cítrica, un herbal, una picante y una floral (Cítrico + herbal + picante + floral), sin olvidar que estos espíritus herbales deben estar dirigidos hacia la limpieza energética, la purificación, la protección, el exorcismo y hacia el éxito. A continuación, te presento algunas hierbas que puedes usar para preparar tu agua florida:

**Hierbas**

**Hierbabuena (Mentha spp.)**
**Género:** Masculino.
**Planeta:** Mercurio.
**Elemento:** Aire.
**Usos mágicos:** Dinero, deseo sexual, curación, viajes, alejar malos espíritus y protección, fortaleza.

**Laurel (Laurus nobilis)**
**Género:** Masculino.
**Planeta:** Sol.
**Elemento:** Fuego.
Deidades: Esculapio, Apolo, Ceres, Fauno y Eros.
Usos mágicos: Protección, poderes psíquicos, curación, purificación,

**Menta (Mentha piperita)**
**Género:** Masculino.
**Planeta:** Mercurio.
**Elemento:** Fuego.
**Usos mágicos:** Purificación, sueño, amor, curación y poderes psíquicos.

**Pino (Pinus spp.)**
**Género:** Masculino.
**Planeta:** Marte.
**Elemento:** Aire.
**Usos mágicos:** Curación, fertilidad, protección, alejar malos espíritus y dinero

**Romero (Rosemarinus officinalis)**
**Género:** Masculino.
**Planeta:** Sol.
**Elemento:** Fuego.
**Usos mágicos:** Protección, amor, deseo sexual, poderes mentales, alejar malos espíritus, purificación, curación, sueño y juventud.

**Ruda (Ruta graveolens)**
**Género:** Masculino.
**Planeta:** Marte.
**Elemento:** Fuego.
**Usos mágicos:** Curación, salud, poderes mentales, alejar malos espíritus y amor.

**Salvia (Savia officinalis)**
**Género:** Masculino.
**Planeta:** Júpiter.
**Elemento:** Aire.
**Usos mágicos:** Sabiduría, protección y deseos

**Sándalo (Santalum album)**
**Género:** Femenino.
**Planeta:** Luna.
**Elemento:** Agua.
**Usos mágicos:** Protección, deseos, curación, alejar malos espíritus y espiritualidad.

**Saúco (Sambucus canadensis)**
**Género:** Femenino.
**Planeta:** Venus.
**Elemento:** Agua.

**Usos mágicos:** Alejar malos espíritus, protección, curación, prosperidad y sueño.

**Eucalipto (Eucalyptus spp.)**
**Género:** Femenino.
**Planeta:** Luna.
**Elemento:** Agua.
**Usos Mágico:** Curación y protección.

**Albahaca (Ocimum basilicum)**
**Género:** Masculino.
**Planeta:** Marte.
**Elemento:** Fuego.
**Usos Mágicos:** Es una de las hierbas más elegidas para atraer la abundancia, el éxito y la prosperidad. Ideal también para preparados de Amor, el poderoso aroma la hace ideal para potenciar preparados de exorcismo o protección.


**Cítricos**

**Lima (Citrus aurantifolia)**
**Género:** Masculino.
**Planeta:** Sol.
**Elemento:** Fuego.
**Usos mágicos:** Curación, amor y protección.

**Limón (Syringa vulgaris)**
**Género:** Femenino.
**Planeta:** Luna.
**Elemento:** Agua.
**Usos mágicos:** Longevidad, purificación, amor y amistad.

**Naranja (Citrus sinesis)**
**Género:** Masculino.
**Planeta:** Sol.
**Elemento:** Fuego.
**Usos mágicos:** Amor, adivinación, suerte, dinero

**Mandarina / Mandarino (Citrus reticulata)**
**Género:** Masculino
**Planeta:** Mercurio
**Elemento:** Fuego
**Usos mágicos:** Suerte, purificación, concentración, creatividad, conocimiento.


**Picante**

**Comino (Cumimum cyminum)**
**Género:** Masculino.
**Planeta:** Marte.
**Elemento:** Fuego.
**Usos mágicos:** Protección, fertilidad, alejar malos espíritus y antirrobo.

**Canela (Cinamomum zeylanicum)**
**Género:** Masculino.
**Planeta:** Sol.
**Elemento:** Fuego.
**Usos mágicos:** Espiritualidad, éxito, curación, poder, poderes psíquicos, deseo sexual, protección y amor.

**Clavo (Syzygium aromaticum)**
**Género:** Masculino.
**Planeta:** Júpiter.
**Elemento:** Fuego.
**Usos mágicos:** Protección, alejar malos espíritus, amor y dinero.

**Pimienta (Piper nigrum)**
**Género:** Masculino.
**Planeta:** Marte.
**Elemento:** Fuego.
**Usos Mágicos:** Es utilizada para el éxito, la abundancia, el logro de objetivos, la expansión de proyectos. También es ideal para preparados de amor, para sexualidad y despertar la pación en parejas.
Además, es ideal para fortaleza persona, incrementar la autoestima, la confianza, seguridad y como protección.

**Jengibre (Zingiber officinale)**
**Género:** Masculino.
**Planeta:** Marte.
**Elemento:** Fuego.
**Usos Mágicos:** potenciador, éxito y abundancia, sexualidad, protección y exorcismo.

**Flores**

**Cereza (Prunnus avium)**
**Género:** Femenino.
**Planeta:** Venus.
**Elemento:** Agua.
**Usos mágicos:** Amor y adivinación.

**Clavel (Dianthus carophyllus)**
**Género:** Masculino.
**Planeta:** Sol.
**Elemento:** Fuego.
**Usos mágicos:** Protección, fuerza y curación.

**Gardenia (Gardenia spp.)**
**Género:** Femenino.
**Planeta:** Luna.
**Elemento:** Agua.
**Usos mágicos:** Amor, paz, curación y espiritualidad.

**Jazmín (Jasminum officinale)**
**Género:** Femenino.
**Planeta:** Luna.
**Elemento:** Agua.
**Usos mágicos:** Amor, dinero, sueños proféticos.

**Lila (Syringa vulgaris)**
**Género:** Femenino.
**Planeta:** Venus.
**Elemento:** Agua.
**Usos mágicos:** Exorcismo y protección.

**Lirio (Lilium spp.)**
**Género:** Femenino.
**Planeta:** Luna.
**Elemento:** Agua.
**Usos mágicos:** Protección, ruptura de hechizos de amor.

**Loto (Nymphaea lotus)**
**Género:** Femenino.
**Planeta:** Luna.
**Elemento:** Agua.
**Usos mágicos:** Protección y apertura de cerraduras.

**Rosa (Rosa spp.)**
**Género:** Femenino.
**Planeta:** Venus.
**Elemento:** Agua.
**Usos mágicos:** Amor, poderes psíquicos, curación, adivinación amorosa, suerte y protección.

**Lavanda (Lavandula)**
**Género:** Femenino
**Planeta:** Venus
**Elemento:** Agua
**Propósitos mágicos:** Sueños lucidos, paz, espiritualidad, psiquismo e intuición.

### *Preparación del agua florida*

1.  Realiza el despertar de los espíritus de las plantas que has elegido para tu preparación. Recuerda elegir una parte Cítrica, una parte hierbal, una parte picante y una parte floral, por ejemplo:
    Cascaras de naranja + Una cucharada de hojas de romero + Un pedazo de jengibre + un puñado de flores de lavanda.

2.  Colócalas dentro del recipiente
3.  Agrega un 30 % de agua destilada en el recipiente
4.  Agrega el 70 % de alcohol de 96 vol.

5.  Tapa el recipiente herméticamente y guárdalo en un lugar oscuro de una semana a quince días.

6.  Después de haber pasado los quince días de maceración del agua florida, filtra las hierbas y luego pasa el agua a un recipiente limpio a elección.

7.  Realiza la consagración con los 4 elementos

En el caso de estos preparados áuricos notaras que el proceso es un poco diferente, a continuación, te compartimos el paso a paso de cómo realizarlos.

**Preparación de las lociones áuricas para cada chakra**

-En un bol de vidrio poner el agua indicada (agua lunar o agua solar) y agrega la piedra según el chakra y dejarla cargar toda la noche.

- Cuando agregues la piedra tómate un tiempo para poner tus manos alrededor y visualizar como de tus manos surge luz de color blanca platinada que llena de tu energía todo el preparado.

- Al día siguiente saca la piedra y quédate con el agua.

- Realiza el despertar del espíritu de cada una de las hierbas y colocas dentro de un recipiente que puedas tapar herméticamente, seguido de esto llena el recipiente con el agua hasta la mitad de su capacidad.

- Agrega la otra mitad de la capacidad de tu recipiente en alcohol.

- Deja macerar tu preparado por 20 días en un lugar seco y oscuro, después de haber transcurrido estos días, retira las hierbas del agua (colador) y envasa tu loción en un recipiente con rociador.

- Realiza la consagración con los 4 elementos.

Primer Chacra
Esta loción áurica nos permite mantener la energía física, la voluntad de vivir,
la sensación de estar en casa, la capacidad de supervivencia, el sentirse conectado a tierra, estable, seguro y la confianza hacia la gente y el entorno.

**Ingredientes**

- Una taza de agua cargada con energía solar (la luz del sol)
- 3 ramas de canela
- 9 hojas de cedro
- 4 cucharas de sándalo en polvo
- Un jaspe rojo
- Alcohol de 96 vol.

## Segundo Chakra

Esta loción áurica nos permite fluir naturalmente con la vida y los sentimientos, mostrándonos abiertas o abiertos para con los demás, y en especial

para el sexo contrario.

**Ingredientes**

- Una taza de agua cargada con energía solar (la luz del sol)
- 3 ramas de canela
- Cascaras de 3 naranjas, limón o mandarina
- 4 gotas de aceite esencial de ylang Ylang
- Un jaspe rojo
- Alcohol de 96 vol.

## Tercer chakra

Esta loción áurica nos permite sentir sentimientos de paz, de armonía interna

contigo mismo, con la vida y tu posición ante ella. Puedes aceptarte con todo tu

ser y estás en condiciones de respetar igualmente los sentimientos y peculiaridades de otras personas.

**Ingredientes**

- Una taza de agua cargada con energía solar (la luz del sol)
- 4 cucharas de hojas de melisa
- Cascaras de 4 naranjas
- Dos cucharadas de flores de diente de león
- Cascaras de 4 limones

- Ojo de tigre
- Alcohol de 96 vol.


## Cuarto Chakra

Esta loción áurica nos permite irradiar calor, cordialidad y una apertura del

corazón con respecto a si mismo y con sus congéneres. Le confiere el despertar de la confianza y la alegría. El incentivara a compartir los sentimientos y la disposición a ayudar.

**Ingredientes**
- Una taza de agua cargada con luna llena (la luz de la luna llena)
- Tres cucharadas de pétalos de jazmín
- Pétalos equivalentes a 4 rosas
- Cuarzo verde o cuarzo rosa
- Tres violetas
- Alcohol


## Quinto Chakra

Esta loción áurica te permite expresar claramente y sin temor tus sentimientos,
Pensamiento y conocimientos interiores. Te permite sinceridad interior frente a ti
mismo y frente a los demás.

**Ingredientes**

- Una taza de agua cargada con luna llena (la luz de la luna llena)
- 5 hojas de eucalipto
- 5 hojas de salvia
- Una piedra de agua marina
- Pétalos equivalentes a 5 geranios
- Alcohol 96 vol.

Esta loción áurica permite una apertura de la intuición y un desarrollo de la
conciencia y de la receptividad.

**Ingredientes**
- Una taza de agua cargada con luna llena (la luz de la luna llena)
- 2 ramitas de pino
- 4 cucharadas de mirra
- 4 cucharadas de flores de lavanda
- Una amatista
- Alcohol




Esta loción áurica permite elevar las frecuencias de vibración y la
conexión con la espiritualidad y el ser divino.

**Ingredientes**
- Una taza de agua cargada con luna llena o luna creciente (la luz de la
luna)
- 4 Cucharadas de rayadura de palo santo
- 4 Cucharadas de flores de manzanilla
- 4 cucharas de copal
- Un cuarzo cristal
- Alcohol

Estas recetas son especialmente utilizadas cuando el practicante está trabajando con la energía de algún elemento o planeta en particular.

También son ideales para colocar en aspersores y utilizar regularmente en altares asociados a Divinidades que están vinculadas a un planeta o elemento determinado. Esta elección es especialmente elegida por los practicantes cuando no se pueden encontrar ofrendas una divinidad o que se está comenzando a conectar con dicha deidad.

## Loción del elemento Tierra

Es utilizada para altares destinados a conectar con los espíritus de la tierra, como también para altares dedicados a divinidades asociadas a este elemento.

También es utilizado mezclado con el perfume diario para generar resistencia, estabilidad, seguridad, firmeza, salud.

**Ingredientes:**
*Proporciones para recipiente de 200 ml*
***Base:*** *agua mineral (utilizaremos 30% de la capacidad del recipiente) y alcohol etílico de 96vol. (utilizaremos 70% de la capacidad del recipiente).*

1 Puñado hojas de Ciprés

6 Hojas de Abedul

1 Cucharada de semillas de Trigo

1 Cucharada de Helecho

1 Cucharada de Cola de Caballo

Es utilizada para alimentar altares destinados a este elemento o deidades asociadas al Fuego, como también para potenciar practicas con dicho elemento.

Además, puede utilizase para aumentar la fuerza, la voluntad, el valor, la sexualidad, poder personal, energía.

**Ingredientes:**
*Proporciones para recipiente de 200 ml*
**Base:** *agua mineral (utilizaremos 30% de la capacidad del recipiente) y alcohol etílico de 96vol. (utilizaremos 70% de la capacidad del recipiente).*

1 Cucharada de Ajenjo

1 Cucharada de Apio

9 Granos de pimienta

1 Rama de Canela

3 Hojas de Laurel

1 Cucharada de Hinojo



Es especialmente utilizada para alimentar altares dedicados a este elemento o para altares dedicados a deidades del aire. Además, es utilizado para acompañar prácticas de meditación con este elemento para obtener mejores resultados.

Resulta muy útil utilizarlo para aumentar el psiquismo, fomentar la capacidad de adquirir sabiduría o conocimiento, potenciar el pensamiento, creatividad y libertad.

**Ingredientes:**
*Proporciones para recipiente de 200 ml*

**Base:** *agua mineral (utilizaremos 30% de la capacidad del recipiente) y alcohol etílico de 96vol.  (utilizaremos 70% de la capacidad del recipiente).*


3 Estrellas de Anís

1 Rama de Perejil

3 Hojas de Álamo

3 Hojas de Avellano

1 Cucharada de polvo de Incienso


Loción del elemento Agua

Es utilizada para altares dedicados a este elemento y también para honrar a divinidades del Agua. Es excelente además para acompañar meditaciones y prácticas con este elemento.

También es utilizado para armonización emocional, aumentar la intuición, fomentar la sanación interior, despertar el amor propio y tener sueños lucidos o proféticos.

**Ingredientes:**
*Proporciones para recipiente de 200 ml*
**Base:** *agua mineral o agua de Río (utilizaremos 30% de la capacidad del recipiente) y alcohol etílico de 96vol.  (utilizaremos 70% de la capacidad del recipiente).*


6 Pétalos de Rosa

6 Hojas de Sauce

6 Pétalos de Lirio

1 Cucharada de Salvia

1 Cucharada de Melisa

1 Puñado de Flores de Lavanda

1 Cucharada de Beleño


## Loción Solar

Esta loción es muy utilizada para potenciar rituales solares, embeber velas asociadas al Sol, para aumentar la experiencia en meditaciones, como también para altares destinados a divinidades solares.

Utilizada también para generar fuerza, impulso, crecimiento, expansión, avance, etc.

**Ingredientes:**
*Proporciones para recipiente de 200 ml*
***Base:*** *agua mineral (utilizaremos 30% de la capacidad del recipiente) y alcohol etílico de 96vol. (utilizaremos 70% de la capacidad del recipiente).*


1 Cucharada de Azafrán

1 Cucharada de semillas de Girasol

1 Cucharada de Enebro

1 Cucharada de Cedro

1 Cucharada de Romero


## Loción de Mercurio

Este preparado es especialmente utilizado para acompañar practicas mágicas especiales con este planeta, como también para honrar deidades asociadas al mismo.

Es también utilizado enfocadas facultades metales, adivinación, sabiduría, meditación.

**Ingredientes:**

*Proporciones para recipiente de 200 ml*
**Base:** *agua mineral (utilizaremos 30% de la capacidad del recipiente) y alcohol etílico de 96vol. (utilizaremos 70% de la capacidad del recipiente).*

1 Cucharada de Hierba buena

1 Cucharada de Cedrón

1 Cucharada de Tomillo

9 Semillas de Almendra


Loción de Venus

Es ideal para realizar prácticas mágicas especificas con este planeta, meditación, como también para honrar divinidades vinculadas al mismo.

Además, elegido para fomentar el amor, amistad, sensualidad, fidelidad, belleza, juventud y expresiones artísticas.

**Ingredientes:**
*Proporciones para recipiente de 200 ml*
**Base:** *agua mineral o de Río (utilizaremos 30% de la capacidad del recipiente) y alcohol etílico de 96vol. (utilizaremos 70% de la capacidad del recipiente).*


1 Cucharada de Verbena

6 Pétalos de Rosas

6 Pétalos de Lila

6 Pétalos de Lirio Azul

6 Pétalos de Magnolia

Esta loción es utilizada para acompañar practicas con este planeta, para altares destinados a divinidades asociadas a Marte y para potenciar meditaciones.

Es también utilizada para aumentar la sexualidad, el valor, la fuerza, el impulso en proyectos, decisión y energía.

**Ingredientes:**
*Proporciones para recipiente de 200 ml*
**Base:** *agua mineral (utilizaremos 30% de la capacidad del recipiente) y alcohol etílico de 96vol. (utilizaremos 70% de la capacidad del recipiente).*

3 Dientes de Ajo

3 Hojas de Albahaca

1 Trozo de Jengibre

1 Cucharada de Pimienta en grano

3 Cucharadas de Pino

1 Cucharada de Ortiga



Es utilizada especialmente en prácticas mágicas y de meditación con este planeta y para honrar divinidades asociadas.
Es también utilizada para atraer el dinero, la prosperidad, asuntos legales, suerte, abundancia y trabajo

**Ingredientes:**
*Proporciones para recipiente de 200 ml*
**Base:** *agua mineral (utilizaremos 30% de la capacidad del recipiente) y alcohol etílico de 96vol. (utilizaremos 70% de la capacidad del recipiente).*

1 Cucharada de Diente de León
1 Cucharada de Nuez Moscada

1 Cucharada de Madreselva
1 Cucharada de Clavo de olor
Un puñado de flores de Reina de los Prados



Es utilizada especialmente en prácticas mágicas y de meditación con este planeta y para honrar divinidades asociadas.
Es también utilizada para prácticas mágicas relacionadas con visiones, longevidad y desenlaces.

**Ingredientes:**
*Proporciones para recipiente de 200 ml*
***Base:*** *agua mineral (utilizaremos 30% de la capacidad del recipiente) y alcohol etílico de 96vol. (utilizaremos 70% de la capacidad del recipiente).*

6 Hojas de Álamo
6 Hojas de Hiedra
1 Cucharada de Acónito
Un puñado de flores de Lobelia



Es utilizada especialmente en prácticas mágicas y de meditación con este planeta y para honrar divinidades asociadas.
Es también utilizada para fomentar la libertad, la independencia y ruptura de estructuras.

**Ingredientes:**
*Proporciones para recipiente de 200 ml*
***Base:*** *agua mineral (utilizaremos 30% de la capacidad del recipiente) y alcohol etílico de 96vol. (utilizaremos 70% de la capacidad del recipiente).*

Un puñado de flores de Dalias
9 Hojas de Ombú o Bellasombra

Un puñado de flores de Tipuana

Es utilizada especialmente en prácticas mágicas y de meditación con este planeta y para honrar divinidades asociadas.
Es también utilizada para la empatía, la compasión, el amor universal, apertura del corazón l y la videncia.

**Ingredientes:**
*Proporciones para recipiente de 200 ml*
**Base:** *agua mineral (utilizaremos 30% de la capacidad del recipiente) y alcohol etílico de 96vol. (utilizaremos 70% de la capacidad del recipiente).*

Un puñado de flor de Cerezo

Un puñado de flor de Astromelia

Un puñado de flor de Agapantos

Un puñado de flor de Hortensias



Es utilizada especialmente en prácticas mágicas y de meditación con este planeta y para honrar divinidades asociadas.
Es también utilizada para la transformación, la regeneración tras la destrucción y la muerte.

**Ingredientes:**
*Proporciones para recipiente de 200 ml*
**Base:** *agua mineral (utilizaremos 30% de la capacidad del recipiente) y alcohol etílico de 96vol. (utilizaremos 70% de la capacidad del recipiente).*

Un puñado de flores de Cassia Fistula o Lluvia de oro
9 Hojas de Gliricidia
Un puñado de flor de Jacaranda
9 Hojas de Totumo o Jícaro

Estas Recetas son para fines específicos y se realizan con una lunación en especial, por lo cual se recomienda que las crees y consagres en la fase lunar correspondiente durante la noche.


Esta receta es ideal para acompañar practicas mágicas que buscan el desarrollo de dones mágicos, impulsar viajes espirituales, incrementar las experiencias de meditación, aumentar la visualización e incrementar el desarrollo espiritual.

**Tiempo:** Debe ser realizada y consagrada en la noche de Luna Nueva y dejarla cargándose en tu altar hasta la mañana siguiente, luego puedes comenzar a utilizarla cuando la requieras.

**Ingredientes:**
*Proporciones para recipiente de 200 ml*
***Base:*** *agua mineral y/o de manantial (utilizaremos 30% de la capacidad del recipiente) y alcohol etílico de 96vol. (utilizaremos 70% de la capacidad del recipiente).*

1 Cucharada de resina de Mirra

1 Cucharada de Copal

2 Cucharadas de flores de Lavanda

Un puñado de flores de Gardelia

Un trozo de madera de Palo Santo


Esta loción es ideal para impulsar nuevos proyectos que están en la mente y que se busca comenzar a materializar de forma concreta: Esta loción abre los caminos y fomenta las oportunidades.

Es ideal también para acompañar rituales de prosperidad para nuevos proyectos.

**Tiempo:** Debe ser realizada y consagrada en la noche de Luna Nueva y dejarla cargándose en tu altar hasta la mañana siguiente, luego puedes comenzar a utilizarla cuando la requieras.

**Ingredientes:**
*Proporciones para recipiente de 200 ml*
**Base:** *agua mineral o de Río (utilizaremos 30% de la capacidad del recipiente) y alcohol etílico de 96vol.  (utilizaremos 70% de la capacidad del recipiente).*

1 Cucharada de Alfalfa

1 Cucharada de Benjuí en polvo

1 Cucharada de Hierbabuena

3 Hojas de Roble

3 Hojas de Arce

1 Trébol

Loción de Luna Nueva para Protección
Esta loción es ideal para protección contra envidia, mal de ojo, energías negativas, vampiros energéticos, salaciones y hechizos menores de brujería.

**Tiempo:** Debe ser realizada y consagrada en la noche de Luna Nueva y dejarla cargándose en tu altar hasta la mañana siguiente, luego puedes comenzar a utilizarla cuando la requieras.

**Ingredientes:**
*Proporciones para recipiente de 200 ml*

**Base:** *agua mineral (utilizaremos 30% de la capacidad del recipiente) y alcohol etílico de 96vol.  (utilizaremos 70% de la capacidad del recipiente).*

3 Dientes de Ajo

1 Rama de Canela

1 Cucharada de Enebro

1 Cucharada de Eucalipto

Un puñado de pétalos de Caléndula

Un puñado de pétalos de Angélica

Un puñado de Clavo

Loción de Luna Nueva para comienzo de Relaciones

Esta loción es muy particular, ya que se la utiliza solo en el tiempo en que comienza la relación y es especialmente elegida porque fomenta un buen inicio, bendice con la energía lunar el nuevo inicio, también fomenta la sinceridad y claridad emocional en el comienzo de la relación.

Se la utiliza rociando la cama de donde duermen o mezclada con el perfume que se utiliza habitualmente.

**Tiempo:** Debe ser realizada y consagrada en la noche de Luna Nueva y dejarla cargándose en tu altar hasta la mañana siguiente, luego puedes comenzar a utilizarla cuando la requieras.

**Ingredientes:**
*Proporciones para recipiente de 200 ml*
**Base:** *agua mineral (utilizaremos 30% de la capacidad del recipiente) y alcohol etílico de 96vol.  (utilizaremos 70% de la capacidad del recipiente).*

1 Cucharada de Frutillas (deshidratada)

1 Cucharada de Manzana (deshidratada)

1 Cucharada de Frambuesa (deshidratada)

1 Cucharada de pétalos de Jazmín

1 Cucharada de pétalos de Margarita



Esta loción es especialmente creada para generar valor, fuerza y valentía, en quien la utiliza. Se suele mezclar con el perfume que se usa de forma diaria.

**Tiempo:** Debe ser realizada y consagrada en la noche en que la Luna esta en Cuarto Creciente y dejarla cargándose en tu altar hasta la mañana siguiente, luego puedes comenzar a utilizarla cuando la requieras.

**Ingredientes:**
*Proporciones para recipiente de 200 ml*
***Base:*** *agua mineral (utilizaremos 30% de la capacidad del recipiente) y alcohol etílico de 96vol. (utilizaremos 70% de la capacidad del recipiente).*


1 Cucharada de Ruda

1 Cucharada de Tabaco

3 Hojas de Espino

3 Hojas de Roble

1 Cucharada de Ortiga

1 Cucharada de Sangre de Dragón en polvo

Este preparado es muy elegido para colocar en la cama de los enfermos para ayudar energéticamente al proceso de sanación de una enfermedad, acompañando al tratamiento que ya está realizando (nunca un preparado mágico remplaza a un tratamiento médico).

**Tiempo:** Debe ser realizada y consagrada en la noche en que la Luna esta en Cuarto Creciente y dejarla cargándose en tu altar hasta la mañana siguiente, luego puedes comenzar a utilizarla cuando la requieras.

**Ingredientes:**
*Proporciones para recipiente de 200 ml*
***Base:*** *agua mineral (utilizaremos 30% de la capacidad del recipiente) y alcohol etílico de 96vol. (utilizaremos 70% de la capacidad del recipiente).*
1 Cucharada de Romero

9 Hojas de Laurel

6 Hojas de Sauco

1 Cucharada de Sándalo en polvo

Un puñado de pétalos de Clavel




Esta loción se la suele mezclar con el perfume que diariamente se utiliza con el fin de aumentar la belleza, despertar la atención de quienes te rodean en el día a día y generar mayor atracción.

**Tiempo:** Debe ser realizada y consagrada en la noche en que la Luna esta en Cuarto Creciente y dejarla cargándose en tu altar hasta la mañana siguiente, luego puedes comenzar a utilizarla cuando la requieras.

**Ingredientes:**
*Proporciones para recipiente de 200 ml*
***Base:*** *agua mineral (utilizaremos 30% de la capacidad del recipiente) y alcohol etílico de 96vol. (utilizaremos 70% de la capacidad del recipiente).*

1 Cucharada de Cerezas (deshidratadas)

1 Cucharada de Ciruela (deshidratada)

1 Cucharada de Durazno (deshidratado)

1 Cucharada de Melisa

1 Cucharada de Menta

6 pétalos de Geranio

6 pétalos de Rosa


Loción de Luna Creciente para la Creatividad

Esta loción es para aumentar la inspiración y creatividad. Es ideal para artistas, artesanos, diseñadores, forjadores, creadores y para cualquier persona que requiera expandir su horizonte creativo.

Habitualmente se la coloca en un aspersor y se la esparce por el taller, espacio o lugar de trabajo o espacio donde realizas tu actividad.

**Tiempo:** Debe ser realizada y consagrada en la noche en que la Luna esta en Cuarto Creciente y dejarla cargándose en tu altar hasta la mañana siguiente, luego puedes comenzar a utilizarla cuando la requieras.

**Ingredientes:**
*Proporciones para recipiente de 200 ml*
***Base:*** *agua mineral (utilizaremos 30% de la capacidad del recipiente) y alcohol etílico de 96vol. (utilizaremos 70% de la capacidad del recipiente).*


3 semillas de avellano

3 semillas de almendro

3 Hojas de Sauce

1 Cucharada de Hierbabuena

La cáscara de una Naranja


Loción de Luna Creciente para el romance
Esta loción es creada con el fin de incrementar el amor en la pareja, aumentar la atracción, despertar nuevamente la libido y generar pasión.

**Tiempo:** Debe ser realizada y consagrada en la noche en que la Luna esta en Cuarto Creciente y dejarla cargándose en tu altar hasta la mañana siguiente, luego puedes comenzar a utilizarla cuando la requieras.

**Ingredientes:**
*Proporciones para recipiente de 200 ml*
***Base:*** *agua mineral (utilizaremos 30% de la capacidad del recipiente) y alcohol etílico de 96vol. (utilizaremos 70% de la capacidad del recipiente).*


1 Cucharada de Azafrán en polvo

3 Hojas de Albahaca

Una Rama de Canela

La cascara de una Lima

Un puñado de pétalos de Malva

Un puñado de pétalos de Orquídea


Loción de Luna Creciente para crecimiento
Este preparado es ideal cuando tenemos un proyecto que se encuentra estancado o con un crecimiento lento y deseamos impulsarlo, también es utilizado para impulsar el desarrollo personal en actividades o destrezas.

**Tiempo:** Debe ser realizada y consagrada en la noche en que la Luna esta en Cuarto Creciente y dejarla cargándose en tu altar hasta la mañana siguiente, luego puedes comenzar a utilizarla cuando la requieras.

**Ingredientes:**
*Proporciones para recipiente de 200 ml*
**Base:** *agua mineral (utilizaremos 30% de la capacidad del recipiente) y alcohol etílico de 96vol. (utilizaremos 70% de la capacidad del recipiente).*

1 Cucharada de Arroz

1 Cucharada de Copal

1 Cucharada de Sésamo

1 Cucharada de Serbal

La cascara de una Lima


Loción de Luna Llena para intuición

Esta loción ayuda al incremento de la intuición, permite tener mayor claridad en lecturas oraculares o en canalizaciones.

**Tiempo:** Debe ser realizada y consagrada en la noche de Luna Llena y dejarla cargándose en tu altar hasta la mañana siguiente, luego puedes comenzar a utilizarla cuando la requieras.

**Ingredientes:**
*Proporciones para recipiente de 200 ml*
**Base:** *agua mineral o de Mar (utilizaremos 30% de la capacidad del recipiente) y alcohol etílico de 96vol. (utilizaremos 70% de la capacidad del recipiente).*

3 Cucharadas de Artemisa

1 Cucharada de Madreselva

9 Hojas de Sause

1 Cucharada de Tomillo

1 trozo de madera de Palo Santo

Loción de Luna Llena para psiquismo
**Loción de Luna Llena para psiquismo**

Este preparado es utilizado para fomentar el desarrollo del psiquismo. Es especialmente utilizado por los practicantes que están comenzando a desarrollar estas habilidades para fomentar y potenciar el aprendizaje.

**Tiempo:** Debe ser realizada y consagrada en la noche de Luna Llena y dejarla cargándose en tu altar hasta la mañana siguiente, luego puedes comenzar a utilizarla cuando la requieras.

**Ingredientes:**
*Proporciones para recipiente de 200 ml*
***Base:*** *agua mineral o de Mar (utilizaremos 30% de la capacidad del recipiente) y alcohol etílico de 96vol. (utilizaremos 70% de la capacidad del recipiente).*

2 Cucharadas de Milenrama

3 Hojas de Acacia

1 Cucharada de Apio en polvo o seco

2 Cucharada de Menta

2 Cucharada de flores de Lavanda

**Loción de Luna Llena para sueños proféticos**

Este preparado es para acompañar prácticas mágicas para tener sueños proféticos, ayudando al proceso, potenciando la experiencia y permite tener sueños más claros.

Se lo utiliza para acompañar practicas mágicas nocturnas, para meditaciones antes de dormir o colocándolo en la almohada antes de acostarse.

**Tiempo:** Debe ser realizada y consagrada en la noche de Luna Llena y dejarla cargándose en tu altar hasta la mañana siguiente, luego puedes comenzar a utilizarla cuando la requieras.

**Ingredientes:**
*Proporciones para recipiente de 200 ml*
**Base:** *agua mineral o de Mar (utilizaremos 30% de la capacidad del recipiente) y alcohol etílico de 96vol. (utilizaremos 70% de la capacidad del recipiente).*

1 Cucharada de Manzanilla
1 Cucharada de Menta
3 Hojas de Saúco
1 Cucharada de Verbena
1 Cucharada de Artemisa

Loción de Luna Llena para Armonización

Este preparado es utiliza para generar armonía a través de tu campo áurico, es ideal para utilizarlo en oficinas o lugares de trabajo donde existe mucha tención o energías densas.

Es utilizado de forma personal y en espacios como el hogar o lugares de trabajo.

**Tiempo:** Debe ser realizada y consagrada en la noche de Luna Llena y dejarla cargándose en tu altar hasta la mañana siguiente, luego puedes comenzar a utilizarla cuando la requieras.

**Ingredientes:**
*Proporciones para recipiente de 200 ml*
**Base:** *agua mineral o de Mar (utilizaremos 30% de la capacidad del recipiente) y alcohol etílico de 96vol. (utilizaremos 70% de la capacidad del recipiente).*

Este preparado es utilizado para realizar limpiezas de energía en lugares y personas, para quitar el mal de ojo, los residuos energéticos y entidades parasitas.

Se suele utilizar como baños de limpieza ritual o para limpiar el hogar pasando con un trapeador por los pisos desde el fondo de la casa hacia la puerta de entrada.

**Tiempo:** Debe ser realizada y consagrada en la noche en que la Luna esta en Cuarto Menguante y dejarla cargándose en tu altar hasta la mañana siguiente, luego puedes comenzar a utilizarla cuando la requieras.

**Ingredientes:**
*Proporciones para recipiente de 200 ml*
***Base:*** *agua mineral (utilizaremos 30% de la capacidad del recipiente) y alcohol etílico de 96vol.  (utilizaremos 70% de la capacidad del recipiente).*

3 Dientes de Ajo

1 Cucharada de Chilca

1 Cucharada de Ruda

1 Cucharada de Salvia real

1 Cucharada de Sándalo en polvo

Recetas de Funciones Especificas

Las recetas que se presentan a continuación, algunas son para intenciones mágicas muy puntuales y otras abarcan intenciones que ya vimos anteriormente pero que pueden ser muy útiles, ya que son muy efectivas y también si no se tiene acceso a los ingredientes de alguna de las recetas anteriormente mencionadas es bueno tener alternativas.

En los altares dedicados a honrar a los ancestros se suelen utilizar aromas que fomentan la comunicación espiritual con ellos, estos son utilizados en sahúmo o lociones que se colocan antes de realizar cada practica o rezo.

**Ingredientes:**
*Proporciones para recipiente de 200 ml*
**Base:** *agua mineral (utilizaremos 30% de la capacidad del recipiente) y alcohol etílico de 96vol. (utilizaremos 70% de la capacidad del recipiente).*

3 Cucharadas de Tabaco

1 Cucharada de hojas de Pino

1 Cucharada de polvo de Incienso o Sándalo o Sangre de Dragón

1 Cucharada de Tierra de la tuba de algún ancestro (esta se debe de pedir con permiso al ancestro, con la intención de que esté presente en nuestro altar y honrarlo en el hogar).

Algo que debes tener en cuenta al tomar la tierra de ancestros, es que, en casi todas las tradiciones de brujas y brujos, al tomar la tierra te retiras del lugar caminando al revés, sin darle la espalda a las tubas, esto es para no darle la espalda a los difuntos y para que ninguno de ellos te siga hasta tu hogar (por lo general el brujo va con alguien pasa para que lo guíe hacia la salida, ya que él debe caminar de espaldas hasta la puerta del cementerio).



Esta es una combinación de hierbas muy potente para acompañar rituales de exorcismo, limpieza de espacios que se encuentran cargados de energías parasitas, es ideal para ahuyentar malos espíritus y entidades negativas.

**Ingredientes:**
*Proporciones para recipiente de 200 ml*

**Base:** *agua mineral (utilizaremos 30% de la capacidad del recipiente) y alcohol etílico de 96vol. (utilizaremos 70% de la capacidad del recipiente).*

1 cebolla

9 dientes de ajo

1 cucharada de Ruda


Loción contra mal de ojo

Esta loción es ideal para limpiar el mal de ojo y envida, como también para prevenirse de ellas. A menudo es mezclada con el perfumo que se utiliza diariamente.

**Ingredientes:**
*Proporciones para recipiente de 200 ml*
**Base:** *agua mineral (utilizaremos 30% de la capacidad del recipiente) y alcohol etílico de 96vol. (utilizaremos 70% de la capacidad del recipiente).*

La cascara de un limón

3 cucharadas de flores de Lavanda

1 cucharada de Ruda


Loción para limpieza de elementos mágicos

Este preparado es excelente para limpiar elementos mágicos que son utilizados en rituales o en sesiones espirituales, especialmente utilizado por terapeutas holísticos para limpiar herramientas como péndulos, gemas, athame, etc.

**Ingredientes:**
*Proporciones para recipiente de 200 ml*

**Base:** *agua mineral o de lluvia (utilizaremos 30% de la capacidad del recipiente) y alcohol etílico de 96vol. (utilizaremos 70% de la capacidad del recipiente).*

La cascara de 1 limón

3 cucharada de sal gruesa

3 dientes de Ajo

## Loción de prosperidad y abundancia

Es una formula simple pero poderosa, que se realiza con ingredientes que se encuentran en cualquier cocina. Es ideal para atraer la abundancia y prosperidad a la familia, asegurar la subsistencia y

**Ingredientes:**
*Proporciones para recipiente de 200 ml*
**Base:** *agua mineral o de lluvia (utilizaremos 30% de la capacidad del recipiente) y alcohol etílico de 96vol. (utilizaremos 70% de la capacidad del recipiente).*

1 Cucharada de Azúcar

1 Cucharada de Miel

La cascara de 1 naranja

## Loción de prosperidad y abundancia #2

Ideal para impulsar rituales de proyectos, atraer prosperidad a los negocios, mejorar la economía de la familia o persona.

**Ingredientes:**
*Proporciones para recipiente de 200 ml*

**Base:** *agua mineral o de lluvia (utilizaremos 30% de la capacidad del recipiente) y alcohol etílico de 96vol. (utilizaremos 70% de la capacidad del recipiente).*

3 Cucharada de arroz

3 Cucharada de alfalfa

3 Cucharadas de maíz

## Loción de prosperidad y abundancia #3

Esta receta es utilizada especialmente en la zona andina de Sudamérica, con el fin de atraer abundancia y prosperidad a la familia o negocio.

**Ingredientes:**
*Proporciones para recipiente de 200 ml*
**Base:** *agua mineral o de lluvia (utilizaremos 30% de la capacidad del recipiente) y alcohol etílico de 96vol. (utilizaremos 70% de la capacidad del recipiente).*

3 Cucharadas de maíz morado

3 Cucharadas de maíz blanco o amarillo

1 Cucharada de azúcar

3 monedas de cualquier denominación pero que estén en curso actualmente

## Loción de la Gloria

Esta loción es especialmente utilizada por deportistas, empresarios o cualquier persona que se encuentre ante una competición, ya que este preparado le permitir incrementar el rendimiento energético, potenciar el poder personal y ayudara mágicamente a alcanzar las metas.

**Ingredientes:**
*Proporciones para recipiente de 200 ml*
**Base:** *agua mineral o de río (utilizaremos 30% de la capacidad del recipiente) y alcohol etílico de 96vol. (utilizaremos 70% de la capacidad del recipiente).*

9 hojas de laurel

3 hojas de albahaca

1 cucharada de Romero

## Loción de contra malos pensamientos

Esta locíon es ideal para personas que se encuentran con muchos problemas, que deben afrontar situaciones de stress, ya que ayuda a quitar los pensamientos negativos y auto-destructivos, además quita la desconfianza y fomenta la armonía.

**Ingredientes:**
*Proporciones para recipiente de 200 ml*
**Base:** *agua mineral o de lluvia (utilizaremos 30% de la capacidad del recipiente) y alcohol etílico de 96vol. (utilizaremos 70% de la capacidad del recipiente).*

1 Cucharada de Lavanda

1 Cucharada de Azahar

2 Cucharadas de pétalos de Jazmín

## Loción de amor propio

Este preparado es ideal para fomentar el amor propio, la confianza, el autoestima y seguridad personal.

**Ingredientes:**
*Proporciones para recipiente de 200 ml*
***Base:*** *agua mineral o de lluvia (utilizaremos 30% de la capacidad del recipiente) y alcohol etílico de 96vol.  (utilizaremos 70% de la capacidad del recipiente).*

1 Cucharada de flores de Rosas

1 Cucharada de flores de Caléndula

La cascara de una naranja

La cascara de una mandarina

Loción para atraer un hombre

Esta loción es especialmente utilizada antes de asistir a un baile o fiesta para despertar el interés de los hombres en tu persona (puede ser utilizado por mujeres u hombres).

**Ingredientes:**
*Proporciones para recipiente de 200 ml*
***Base:*** *agua mineral, de Río o Mar (utilizaremos 30% de la capacidad del recipiente) y alcohol etílico de 96vol.  (utilizaremos 70% de la capacidad del recipiente).*

1 Cucharada de Vainilla

1 Cucharada de Jazmín

1/2 Cucharada de Rosas

1/2 Cucharada de Lavanda

Esta loción es creada (tanto por hombres como mujeres) con el fin de despertar el interés, atención y generar atracción de las mujeres presentes en un lugar, por lo general se o coloca antes de asistir a fiestas o bailes.

**Ingredientes:**

*Proporciones para recipiente de 200 ml*
***Base:*** *agua mineral, de Río o Mar (utilizaremos 30% de la capacidad del recipiente) y alcohol etílico de 96vol. (utilizaremos 70% de la capacidad del recipiente).*

1 Cucharada de Pimienta en grano.

1 Cucharada de Anís Estrellado.

6 hojas de Roble

1 Cucharada de Canela




Esta receta es utilizada para despertar el deseo sexual en las personas que se encuentren cerca, como también utilizada por las parejas para despertar la libido y revivir el fuego de la pación en su relación.

**Ingredientes:**

*Proporciones para recipiente de 200 ml*
***Base:*** *agua mineral, de Río o Mar (utilizaremos 30% de la capacidad del recipiente) y alcohol etílico de 96vol. (utilizaremos 70% de la capacidad del recipiente).*

1 Cucharada de Canela

1 Cucharada de Pimienta en Grano

1 Trozo de Jengibre

1 Cucharada de Benjuí en polvo



Esta receta es utilizada para aumentar la belleza y generar interés en las personas que te rodean, es especialmente utilizado antes de asistir a una reunión, baile, encuentro o cena.

**Ingredientes:**
*Proporciones para recipiente de 200 ml*
***Base:*** *agua mineral, de Río o Mar (utilizaremos 30% de la capacidad del recipiente) y alcohol etílico de 96vol.  (utilizaremos 70% de la capacidad del recipiente).*


1 cucharadas de Melisa

1 Cucharada de Camomila

1 Cucharada de Caléndula

1 Cucharada de Rosas

1 Cucharada de Romero

1 Cucharada de Salvia

1 Cucharada de flor y/o hojas de Hamamelis



Esta loción es especial para aquellas personas que sufren de insomnio, que sufren pesadillas, migrañas, etc.

Es importante mencionar que muchas de las dolencias que interrumpen el sueño o que no permiten el buen descaso pueden ser ocasionadas por el plano energético o emocional.

**Ingredientes:**

*Proporciones para recipiente de 200 ml*
**Base:** *agua mineral o manantial (utilizaremos 30% de la capacidad del recipiente) y alcohol etílico de 96vol.  (utilizaremos 70% de la capacidad del recipiente).*

1 Cucharada de Romero

1 Cucharada de Manzanilla

1 Cucharada de Salvia

1 Cucharada de Jazmín

1 Cucharada de Laurel

1 Cucharada de Sal Gruesa

1 Diente de Ajo

## Lociones de Deidades

Las lociones que se presentan a continuación son utilizadas de diferentes maneras para conectar con las divinidades.

Pueden ser utilizadas para ayudar en el proceso de meditación con una deidad, como también en viajes espirituales.

Además, son utilizadas en forma de ofrenda aromática en los altares destinados a la divinidad y en algunos casos son mezclados con el perfume para que la energía de dicha divinidad esté presente en el día a través del aroma.

## Deidades Mesopotamia

Loción de Astarté
*Proporciones para recipiente de 200 ml*
**Base:** *agua mineral o de Lago (utilizaremos 30% de la capacidad del recipiente) y alcohol etílico de 96vol. (utilizaremos 70% de la capacidad del recipiente).*
9 Hojas de Acacia

1 Cucharada de azafrán

6 Hojas de ciprés


Deidades Egipcias


Loción de Hathor
*Proporciones para recipiente de 200 ml*
**Base:** *agua mineral o de Río (utilizaremos 30% de la capacidad del recipiente) y alcohol etílico de 96vol. (utilizaremos 70% de la capacidad del recipiente).*
1 Cucharada de Mandrágora en polvo

1 Puñado de pétalos de Mirto

6 Pétalos de Rosa,

3 Cucharadas de Uva (deshidratada)


Loción de Isis
*Proporciones para recipiente de 200 ml*
**Base:** *agua mineral o de Río (utilizaremos 30% de la capacidad del recipiente) y alcohol etílico de 96vol. (utilizaremos 70% de la capacidad del recipiente).*
1 Puñado de flores de Lirio florentino
3 Cucharadas de Mirra en polvo o grano
2 Cucharadas de Verbena.

## Loción de Osiris

*Proporciones para recipiente de 200 ml*
***Base:*** *agua mineral (utilizaremos 30% de la capacidad del recipiente) y alcohol etílico de 96vol.  (utilizaremos 70% de la capacidad del recipiente).*
9 Hojas de Acacia

6 Hojas de hiedra,

Un puñado de flores de Lirio florentino.


## Loción de Ra

*Proporciones para recipiente de 200 ml*
***Base:*** *agua mineral (utilizaremos 30% de la capacidad del recipiente) y alcohol etílico de 96vol.  (utilizaremos 70% de la capacidad del recipiente).*
9 Hojas de Acebuche

1 Cucharada de Incienso en polvo

1 Cucharada de Mirra en polvo


Deidades Romanas


## Loción de Ceres

*Proporciones para recipiente de 200 ml*
***Base:*** *agua mineral o de Río (utilizaremos 30% de la capacidad del recipiente) y alcohol etílico de 96vol.  (utilizaremos 70% de la capacidad del recipiente).*
Un puñado de flores de Granada

9 Hojas de Laurel

6 Hojas de Sauce

Loción de Cupido

*Proporciones para recipiente de 200 ml*
**Base:** *agua mineral o de Río (utilizaremos 30% de la capacidad del recipiente) y alcohol etílico de 96vol. (utilizaremos 70% de la capacidad del recipiente).*
Los petalos de una Rosa Roja

Los petalos de una Rosa Blanca

9 Hojas de Ciprés


Loción de Diana

*Proporciones para recipiente de 200 ml*
**Base:** *agua mineral o de Lago (utilizaremos 30% de la capacidad del recipiente) y alcohol etílico de 96vol. (utilizaremos 70% de la capacidad del recipiente).*
1 Cucharada de Manzana (deshidratada)

1 Cucharada de Mora (deshidratada)

1 Cucharada de Ajenjo

3 Hojas de Roble


Loción de Juno

*Proporciones para recipiente de 200 ml*
**Base:** *agua mineral (utilizaremos 30% de la capacidad del recipiente) y alcohol etílico de 96vol. (utilizaremos 70% de la capacidad del recipiente).*
Un puñado de flores de iris

Un puñado de flores de Lirio

1 Cucharada de Verbena

Loción de Júpiter

*Proporciones para recipiente de 200 ml*
**Base:** *agua mineral (utilizaremos 30% de la capacidad del recipiente) y alcohol etílico de 96vol.  (utilizaremos 70% de la capacidad del recipiente).*
Un puñado de flores de Aulaga

Un puñado de flores de Clavel

6 Hojas de Roble


Loción de Marte

*Proporciones para recipiente de 200 ml*
**Base:** *agua mineral (utilizaremos 30% de la capacidad del recipiente) y alcohol etílico de 96vol.  (utilizaremos 70% de la capacidad del recipiente).*

6 Hojas de Acebo

9 Hojas de Fresno

1 Cucharada de Verbena.


Loción de Minerva

*Proporciones para recipiente de 200 ml*
**Base:** *agua mineral (utilizaremos 30% de la capacidad del recipiente) y alcohol etílico de 96vol.  (utilizaremos 70% de la capacidad del recipiente).*

9 Hojas de Acebuche

1 Cucharada de Cardo

1 Cucharada de Mora (deshidratadas)


Loción de Venus

*Proporciones para recipiente de 200 ml*

*Base:* agua mineral (utilizaremos 30% de la capacidad del recipiente) y alcohol etílico de 96vol.  (utilizaremos 70% de la capacidad del recipiente).

1 Rama de Canela

Un puñado de flores de Lirio

Un puñado de flores de Mirto


Deidades Griegas


### Loción de Afrodita
*Proporciones para recipiente de 200 ml*
*Base:* agua mineral (utilizaremos 30% de la capacidad del recipiente) y alcohol etílico de 96vol.  (utilizaremos 70% de la capacidad del recipiente).

Un puñado de flores de Afrodita

Un puñado de pétalos de Rosa

Una uñado de flores de Lirio Florentino


### Loción de Apolo
*Proporciones para recipiente de 200 ml*
*Base:* agua mineral o de lluvia (utilizaremos 30% de la capacidad del recipiente) y alcohol etílico de 96vol.  (utilizaremos 70% de la capacidad del recipiente).
1 Cucharada de semillas de Fenobreco o Alholva

9 Hojas de Laurel

Un puñado de flores de Heliotropo

Loción de Artemisa

*Proporciones para recipiente de 200 ml*
**Base:** *agua mineral o de lluvia (utilizaremos 30% de la capacidad del recipiente) y alcohol etílico de 96vol. (utilizaremos 70% de la capacidad del recipiente).*
1 Cucharada de Amaranto

1 Cucharada de Ajenjo

3 Cucharada de Artemisa


Loción de Atenea

*Proporciones para recipiente de 200 ml*
**Base:** *agua mineral o de lluvia (utilizaremos 30% de la capacidad del recipiente) y alcohol etílico de 96vol. (utilizaremos 70% de la capacidad del recipiente).*
9 Hojas de Olivo

8 Hojas de Acebuche

1 Cucharada de Manzana (deshidratadas).


Loción de Demeter

*Proporciones para recipiente de 200 ml*
**Base:** *agua mineral o de lluvia (utilizaremos 30% de la capacidad del recipiente) y alcohol etílico de 96vol. (utilizaremos 70% de la capacidad del recipiente).*
1 Cucharada de Trigo

Un puñado de pétalos de Adormidera

Un puñado de pétalos de Amapola


Loción de Dionisio

*Proporciones para recipiente de 200 ml*

**Base:** *agua mineral o de lluvia (utilizaremos 30% de la capacidad del recipiente) y alcohol etílico de 96vol.  (utilizaremos 70% de la capacidad del recipiente).*
1 Cucharada de Uvas (deshidratadas)

6 Hojas de Hiedra

1 Cucharada de Higo (deshidratado)


**Loción de Hécate**
*Proporciones para recipiente de 200 ml*
**Base:** *agua mineral o de lluvia (utilizaremos 30% de la capacidad del recipiente) y alcohol etílico de 96vol.  (utilizaremos 70% de la capacidad del recipiente).*
6 Dientes de Ajo

1 trozo de raíz de Mandrágora (o una raíz pequeña)

9 hojas de Belladonna


**Loción de Hera**
*Proporciones para recipiente de 200 ml*
**Base:** *agua mineral o de lluvia (utilizaremos 30% de la capacidad del recipiente) y alcohol etílico de 96vol.  (utilizaremos 70% de la capacidad del recipiente).*
Un puñado de Lirio florentino

1 Cucharada de Manzana (deshidratada)

Un puñado de hojas de Sauce


**Loción de Iris**
*Proporciones para recipiente de 200 ml*

**Base:** *agua mineral o de lluvia (utilizaremos 30% de la capacidad del recipiente) y alcohol etílico de 96vol. (utilizaremos 70% de la capacidad del recipiente).*
1 Cucharada de Ajenjo

Un puñado de flores de Iris

Un puñado de pétalos de Lirio florentino





**Loción de Thor**
*Proporciones para recipiente de 200 ml*
**Base:** *agua mineral o de lluvia (utilizaremos 30% de la capacidad del recipiente) y alcohol etílico de 96vol. (utilizaremos 70% de la capacidad del recipiente).*
1 Cucharada de Cardo

1 Cucharada de Ortiga

9 Hojas de Roble


**Loción de Freyja**
*Proporciones para recipiente de 200 ml*
**Base:** *agua mineral o de lluvia (utilizaremos 30% de la capacidad del recipiente) y alcohol etílico de 96vol. (utilizaremos 70% de la capacidad del recipiente).*
1 Cucharada de Fresa (deshidratada)

Un puñado de pétalos de Margarita

1 Cucharada de Muérdago

**Loción de Odín**

*Proporciones para recipiente de 200 ml*
**Base:** *agua mineral o de lluvia (utilizaremos 30% de la capacidad del recipiente) y alcohol etílico de 96vol.  (utilizaremos 70% de la capacidad del recipiente).*
9 Hojas de Fresno

3 Cucharada de Muérdago

3 Hojas de Olmo


Dioses Celta


**Loción de Cernnunos**

*Proporciones para recipiente de 200 ml*
**Base:** *agua mineral o de lluvia (utilizaremos 30% de la capacidad del recipiente) y alcohol etílico de 96vol.  (utilizaremos 70% de la capacidad del recipiente).*
9 Hojas de Roble

9 Hojas de Pino

1 Cucharada de Musgo


**Loción de Morringhan**

*Proporciones para recipiente de 200 ml*
**Base:** *agua mineral o de lluvia (utilizaremos 30% de la capacidad del recipiente) y alcohol etílico de 96vol.  (utilizaremos 70% de la capacidad del recipiente).*
1 Cucharada de Artemisa

9 Hojas de Belladona.

Un puñado de flores de Malva

**Loción de Durga**
*Proporciones para recipiente de 200 ml*
***Base:*** *agua mineral o de lluvia (utilizaremos 30% de la capacidad del recipiente) y alcohol etílico de 96vol. (utilizaremos 70% de la capacidad del recipiente).*
1 Cucharada de Cardamomo

1 Cucharada de Azafrán

3 Cucharada de Coco


**Loción de Ganesha**
*Proporciones para recipiente de 200 ml*
***Base:*** *agua mineral o de lluvia (utilizaremos 30% de la capacidad del recipiente) y alcohol etílico de 96vol. (utilizaremos 70% de la capacidad del recipiente).*
La cascara de una Lima

3 Cucharadas de Sándalo en polvo

2 Cucharadas de Alcanfor


**Loción de Kali**
*Proporciones para recipiente de 200 ml*
***Base:*** *agua mineral o de lluvia (utilizaremos 30% de la capacidad del recipiente) y alcohol etílico de 96vol. (utilizaremos 70% de la capacidad del recipiente).*
Un puñado de pétalos de Hibisco

3 Cucharadas de Coco

1 Rama de Canela

### Loción de Lakshmi

*Proporciones para recipiente de 200 ml*
**Base:** *agua mineral o de lluvia (utilizaremos 30% de la capacidad del recipiente) y alcohol etílico de 96vol.  (utilizaremos 70% de la capacidad del recipiente).*
2 Cucharada de Manzanilla

Un puñado de pétalos de Caléndula

Un puñado de pétalos de Loto


### Loción de Saraswati

*Proporciones para recipiente de 200 ml*
**Base:** *agua mineral o de lluvia (utilizaremos 30% de la capacidad del recipiente) y alcohol etílico de 96vol.  (utilizaremos 70% de la capacidad del recipiente).*
Un puñado de pétalos de Loto

3 Cucharadas de Incienso

Un puñado de pétalos de Jazmín


### Loción de Vishnu

*Proporciones para recipiente de 200 ml*
**Base:** *agua mineral o de lluvia (utilizaremos 30% de la capacidad del recipiente) y alcohol etílico de 96vol.  (utilizaremos 70% de la capacidad del recipiente).*
1 Cucharada de Albahaca

9 Hojas de Bodhi

Un puñado de pétalos de Jazmín.


Dioses Orishas

**Loción de Changó**

*Proporciones para recipiente de 200 ml*

**Base:** *agua mineral o de lluvia (utilizaremos 30% de la capacidad del recipiente) y alcohol etílico de 96vol. (utilizaremos 70% de la capacidad del recipiente).*

9 Hojas de Laurel

Un puñado de hojas de Palma

Un puñado de flores de Piñón Butija

1 trébol


**Loción de Elegguá**

*Proporciones para recipiente de 200 ml*

**Base:** *agua mineral o de lluvia (utilizaremos 30% de la capacidad del recipiente) y alcohol etílico de 96vol. (utilizaremos 70% de la capacidad del recipiente).*

1 Cucharada de Albahaca

1 Aji picante

6 Semillas de Almendra


**Loción de Ochosi**

*Proporciones para recipiente de 200 ml*

**Base:** *agua mineral o de lluvia (utilizaremos 30% de la capacidad del recipiente) y alcohol etílico de 96vol. (utilizaremos 70% de la capacidad del recipiente).*

3 Hojas de Apote

1 Cucharada de frutos de Ateje (deshidratados)

1 Cucharada de Cilantro

**Loción de Oshun**

*Proporciones para recipiente de 200 ml*
***Base:*** *agua mineral o de lluvia (utilizaremos 30% de la capacidad del recipiente) y alcohol etílico de 96vol.  (utilizaremos 70% de la capacidad del recipiente).*
3 Cucharada de Anís

1 Rama de Canela

Un puñado de pétalos de Girasol


**Loción de Oyá**

*Proporciones para recipiente de 200 ml*
***Base:*** *agua mineral o de lluvia (utilizaremos 30% de la capacidad del recipiente) y alcohol etílico de 96vol.  (utilizaremos 70% de la capacidad del recipiente).*
1 Cucharada de Granada (deshidratada)

Un puñado de pétalos de Mil flores

Un puñado de pétalos de Geranio


Loción de Yenmayá

*Proporciones para recipiente de 200 ml*
***Base:*** *agua mineral o de lluvia (utilizaremos 30% de la capacidad del recipiente) y alcohol etílico de 96vol.  (utilizaremos 70% de la capacidad del recipiente).*
3 Cucharadas de Hierbabuena

1 Cucharada de Mora (deshidratadas)

3 Cucharadas de Copal en polvo

Estas lociones que se presentan están asociadas una festividad del año, son utilizadas como aroma en los altares durante la celebración, pero también suelen utilizarse en prácticas mágicas o de meditación que se hacen en esos días para potenciar la experiencia y favorecer más los resultados.

## Loción de Yule

*Proporciones para recipiente de 200 ml*
**Base:** *agua mineral o de lluvia (utilizaremos 30% de la capacidad del recipiente) y alcohol etílico de 96vol. (utilizaremos 70% de la capacidad del recipiente).*
1 Cucharada de Acebo

1 Cucharada de Muerdago

Un puñado de hojas de Pino

## Loción de Inbolc

*Proporciones para recipiente de 200 ml*
**Base:** *agua mineral o de lluvia (utilizaremos 30% de la capacidad del recipiente) y alcohol etílico de 96vol. (utilizaremos 70% de la capacidad del recipiente).*
Un puñado de flores de Caléndula

1 Cucharada de Endrino

1 Cucharada de Diente de León

## Loción de Ostara

*Proporciones para recipiente de 200 ml*
**Base:** *agua mineral o de lluvia (utilizaremos 30% de la capacidad del recipiente) y alcohol etílico de 96vol. (utilizaremos 70% de la capacidad del recipiente).*

Un puñado de pétalos de Azucena

9 Bellotas

Un puñado de pétalos de Lirio


### Loción de Beltaine
*Proporciones para recipiente de 200 ml*
***Base:*** *agua mineral o de lluvia (utilizaremos 30% de la capacidad del recipiente) y alcohol etílico de 96vol. (utilizaremos 70% de la capacidad del recipiente).*
Un puñado de pétalos de Jazmín

Un puñado de pétalos de Rosa

Un puñado de pétalos de Violeta


### Loción de Litha
*Proporciones para recipiente de 200 ml*
***Base:*** *agua mineral o de lluvia (utilizaremos 30% de la capacidad del recipiente) y alcohol etílico de 96vol. (utilizaremos 70% de la capacidad del recipiente).*
Los pétalos de 1 Girasol

1 Cucharada de Hierba de San Juan

La cascara de un Limón


### Loción de Lammas
*Proporciones para recipiente de 200 ml*
***Base:*** *agua mineral o de lluvia (utilizaremos 30% de la capacidad del recipiente) y alcohol etílico de 96vol. (utilizaremos 70% de la capacidad del recipiente).*
1 Cucharada de Cedro

2 Cucharada Sándalo en polvo

Un trozo de Jengibre


**Loción de Mabon**
*Proporciones para recipiente de 200 ml*
**Base:** *agua mineral o de lluvia (utilizaremos 30% de la capacidad del recipiente) y alcohol etílico de 96vol. (utilizaremos 70% de la capacidad del recipiente).*
2 Cucharada de Copal en polvo

Un puñado de Helecho

1 Cucharada de Cardo


**Loción de Samhain**
*Proporciones para recipiente de 200 ml*
**Base:** *agua mineral o de lluvia (utilizaremos 30% de la capacidad del recipiente) y alcohol etílico de 96vol. (utilizaremos 70% de la capacidad del recipiente).*
1 Cucharada de Ajenjo

1 Cucharada de Artemisa

1 Cucharada de Salvia


Lociones con Gemas


Estos preparados tienen la particularidad de que son potenciados con gemas especificas cuya correspondencia mágica es igual a la intención que se busca.

Es importante que antes de utilizar un cristal, ya tengas experiencia mágica con él (de no tenerla se recomienda realizar meditaciones con él para conectar con su energía y familiarizarse). En el momento de realizar el preparado, deberás realizar también la programación de tu cristal para la intención deseada y colocar dentro del preparado (dejando el cristal dentro todo el tiempo de macerado y uso).

## Loción de purificación de espacios (con gemas)

Esta loción es ideal para purificar la energía de un lugar donde se han dado conflictos, discusiones frecuentes, tenciones, etc.

**Ingredientes:**
*Proporciones para recipiente de 200 ml*
**Base:** *agua mineral o de lluvia (utilizaremos 30% de la capacidad del recipiente) y alcohol etílico de 96vol. (utilizaremos 70% de la capacidad del recipiente).*
Coloca un Cuarzo cristal intencionado para potenciar la intención del preparado y que transmita sus propiedades.

3 Cucharadas de Ruda

3 Cucharadas de Flores de Labanda

La cascara de una Naranja

## Loción de armonización del hogar (con gemas)

Este preparado es ideal para armonizar las energías del hogar, disipando la negatividad, las discusiones y el stress.

**Ingredientes:**
*Proporciones para recipiente de 200 ml*
**Base:** *agua mineral o de lluvia (utilizaremos 30% de la capacidad del recipiente) y alcohol etílico de 96vol. (utilizaremos 70% de la capacidad del recipiente).*
Coloca un Cuarzo Rosa intencionado para potenciar la intención del preparado y que transmita sus propiedades.

1 Cucharada de Flores de Azahar

1 Cucharada de Flores de Jazmín

1 Cucharada de Menta

La cascara de un limón


## Loción de Inteligencia (con gemas)
Este preparado es utilizado para aumentar la capacidad de aprendizaje, potenciar el intelecto y aumentar la atención, es ideal para personas que deben superar evaluaciones o rendir finales.

**Ingredientes:**
*Proporciones para recipiente de 200 ml*
***Base:*** *agua mineral o de lluvia (utilizaremos 30% de la capacidad del recipiente) y alcohol etílico de 96vol. (utilizaremos 70% de la capacidad del recipiente).*
Coloca una Labradorita intencionada para potenciar la intención del preparado y que transmita sus propiedades.

3 Cucharadas de Menta

1 Cucharada de Alcanfor

1 Cucharada de Romero

La cascara de una Naranja


## Loción mente clara (con gema)
Este preparado es ideal para purificarse de malos pensamiento, stress, pensamientos tóxicos o autodestructivos, etc.

Es comúnmente utilizada en momentos que necesitas concentración, como también luego del trabajo para relajar la mente y antes de dormir para el buen descanso.

**Ingredientes:**
*Proporciones para recipiente de 200 ml*
***Base:*** *agua mineral o de lluvia (utilizaremos 30% de la capacidad del recipiente) y alcohol etílico de 96vol.  (utilizaremos 70% de la capacidad del recipiente).*
Coloca un Jade Verde intencionado para potenciar la intención del preparado y que transmita sus propiedades.

3 Cucharadas de Alcanfor

1 Cucharada de Lavanda

1 Cucharada de Salvia

1 Puñado de Clavo de Olor


Loción de espiritualidad (con gemas)
Este preparado es ideal para colocar antes de cualquier práctica espiritual, de meditación y rezo para potenciar la experiencia.

**Ingredientes:**
*Proporciones para recipiente de 200 ml*
***Base:*** *agua mineral o de lluvia (utilizaremos 30% de la capacidad del recipiente) y alcohol etílico de 96vol.  (utilizaremos 70% de la capacidad del recipiente).*
Coloca un Cuarzo Lechoso intencionado para potenciar la intención del preparado y que transmita sus propiedades.

1 Cucharada de Mirra

1 Cucharada de Verbena

1 Cucharada de Flores de Violeta


Loción de protección (con gemas)
Este preparado es para alejar malas energías, protegerse de personas negativas y envidiosas. Se coloca antes de salir del hogar.

**Ingredientes:**
*Proporciones para recipiente de 200 ml*
**Base:** *agua mineral o de lluvia (utilizaremos 30% de la capacidad del recipiente) y alcohol etílico de 96vol.  (utilizaremos 70% de la capacidad del recipiente).*
Coloca una Amatista intencionada para potenciar la intención del preparado y que transmita sus propiedades.

1 Cucharada de Romero

1 Cucharada de Manzanilla

9 Hojas de Laurel

1 Rama de Canela


Loción de protección (con gemas) #2
Este preparado es para protección alejando: malas energías, mal de ojo, personas conflictivas o mal intencionadas, etc.

**Ingredientes:**
*Proporciones para recipiente de 200 ml*
**Base:** *agua mineral o de lluvia (utilizaremos 30% de la capacidad del recipiente) y alcohol etílico de 96vol.  (utilizaremos 70% de la capacidad del recipiente).*
Coloca una Turmalina Negra intencionada para potenciar la intención del preparado y que transmita sus propiedades.

1 Cucharada de Ruda

1 Cucharada de Romero

1 Cucharada de Albahaca

3 Dientes de Ajo

A continuación, te adjuntamos las correspondencias básicas de cada día de la semana para que puedas escoger según tu intención mágica cual es el día ideal para realizar tu preparado, teniendo en cuenta también otras correspondencias como el planeta o signos regentes en ese día.

**Lunes**
**Planeta:** Luna
**Género:** Femenino
**Signo:** Cáncer
**Colores:** Blanco, Plata, Azul y Gris.


**Martes**
**Planeta:** Marte
**Género:** Masculino
**Signo:** Aries y Escorpio
**Colores:** Rojo, Naranja, Negro y Rosa.
**Cristales:** Rubí, Granate, Jaspe rojo, Cuarzo rosa.
**Deidades:** Ares, Tiw/Tyr, Lilith, Odin.
**Rituales:** Romper hechizos, Defensa contra el mal, Valor y vitalidad, Coraje, Competencia, Deportes, Romance, Pasión, Fuerza, Agresión, Protección, Liderazgo, Dominación, Sexo, Éxito, Fortaleza, Guerra, Lujuria, Energía masculina.


**Miercoles**
**Planeta:** Mercurio
**Género:** Masculino
**Signo:** Géminis y Virgo
**Colores:** Plata, Violeta, Lila, Amarillo y Negro


**Jueves**
**Planeta:** Júpiter
**Género:** Masculino
**Signo:** Sagitario y Piscis
**Colores:** Violeta, Azul, Plata, Verde y Negro

**Viernes**
**Planeta:** Venus
**Género:** Femenino
**Signo:** Tauro y Libra
**Colores:** Rosa, Verde, Blanco, Azul claro y cobre.

**Sábado**
**Planeta:** Saturno
**Género:** Femenino
**Signo:** Capricornio y Acuario
**Colores:** Negro, Marrón, Índigo y Púrpura.


**Domingo**
**Planeta:** Sol
**Género:** Masculina
**Signo:** Leo

¿Por qué no se recomienda hervir las hierbas para estos preparados?

Si bien en muchos preparados mágicos se suelen hervir las hierbas a la hora de realizar la mezcla, no es así para la creación de aguas mágicas, ya que, si bien el proceso de hervor es mucho más rápido y tenemos nuestro preparado antes de tiempo, debemos tener en cuenta que las hierbas no desprenderán toda su esencia y muchas de sus propiedades son evaporadas, por lo cual la maceración es mucho mejor para esta clase de preparados. Al igual que las aguas que se utilizan en estos preparados poseen propiedades especiales de las zonas de donde provienen y si las hervimos, muchas de las propiedades se evaporarán.